DÜŞÜNCEDEN EKRANA

TELEVİZYONDA PROGRAM YAPIMI

Ahmet Şükrü Künüçen

nobel

DÜŞÜNCEDEN EKRANA
TELEVİZYONDA PROGRAM YAPIMI
Ahmet Şükrü Künüçen

Yayın No.: 4341
Beşeri Bilimler / İletişim: 136
ISBN: 978-625-427-255-4
E-ISBN: 978-625-427-254-7
Basım Sayısı: 1. Basım, Ekim 2022

Nobel Akademik Yayıncılık, 2011 yılından beri "tanınmış uluslararası yayınevi" statüsündedir.

Genel Yayın Yönetmeni: Nevzat Argun -nargun@nobelyayin.com-
Genel Yayın Koordinatörü: Gülfem Dursun -gulfem@nobelyayin.com-

Sayfa Tasarım: Erhan Bakır -erhan@nobelyayin.com-
Redaksiyon: Mine Metin -mine@nobelyayin.com-
Kapak Tasarım: Sezai Özden -sezai@nobelyayin.com-
Görsel Tasarım Uzmanı: Mehtap Yürümez -mehtap@nobelyayin.com-
Baskı Sorumlusu: Yavuz Şahin -yavuz@nobelyayin.com-

Kütüphane Bilgi Kartı

Künüçen, Ahmet Şükrü.
Düşünceden Ekrana Televizyonda Program Yapımı
1. Basım, VIII + 128 s., 13,5x21,5 cm. Kaynakça var, dizin yok.
ISBN: 978-625-427-255-4
E-ISBN: 978-625-427-254-7
1. Televizyon 2. Program 3. Yapım

Genel Dağıtım

ATLAS AKADEMİK BASIM YAYIN DAĞITIM TİC. LTD. ŞTİ.
Adres: Bahçekapı Mh. 2465 Sk. Oto Sanayi Sitesi No:7 Bodrum Kat, Şaşmaz/ANKARA
Telefon: +90 312 278 50 77
Faks: 0 312 278 21 65
Sipariş: siparis@nobelyayin.com
E-Satış: www.nobelkitap.com - esatis@nobelkitap.com
www.atlaskitap.com - info@atlaskitap.com

Dağıtım ve Satış Noktaları: Alfa Basım Dağıtım, Arasta, Arkadaş Kitabevi, D&R Mağazaları, Dost Dağıtım, Kika, Kitapsan, Nezih Kitabevleri, Odak, Pandora, Prefix, Remzi Kitabevleri

Baskı ve Cilt

Meteksan Matbaacılık ve Teknik Sanayi Tic. Anonim Şirketi
Sertifika No.: 46519
Beytepe Köy Yolu No.: 3 06800 Bilkent-Çankaya/ANKARA

ÖN SÖZ

Günümüzde, gelişmiş teknolojinin sağladığı olanaklarla televizyon kanallarının sayısı, çeşitliliği ve üretilen program sayıları da giderek artmaktadır. Televizyondan çok çeşitli ve değişik amaçlarla yararlanıldığı biliniyor. Televizyonun gücünün, işlevlerinin, toplum üzerindeki etkilerinin anlaşılması sonucu televizyon konusu eğitim kurumları programlarına girmiştir. Bununla birlikte televizyon yayıncılığı konusunun alanda eğitim almış ve uzmanlaşmış kişilerin işi olması gerçeği de anlaşılmıştır.

Bu kitapta, televizyon programlarının hazırlanmasında düşünce aşamasından başlayarak programın gerçekleştirmesine kadar geçen tüm yapım süreci incelenmiştir. Çalışmanın birinci bölümü, televizyonun tanımı ve tarihsel gelişimi, televizyonda görüntünün oluşumu ve yayın sistemleri, televizyon iletişimi, televizyonun işlevleri, temel televizyon sistemi ve televizyon programlarını oluşturan yapım ögeleri konularını içermektedir. İkinci bölümde sistem yaklaşımı ile televizyonda program yapım süreci incelenmiştir. Bu bölümde program yapım sürecinde yapım öncesi, yapım ve yapım sonrası aşamalar ve bu aşamalarda yapılması gereken işlemler ayrıntılı olarak incelenmiştir. Kitabın üçüncü bölümünde ise televizyon programlarını oluşturan görüntü, ses ve hareket ögeleri konuları ayrı ayrı ele alınmıştır. Kitap bu alanda eğitim alan öğrencilerin ve konuya ilgi duyanların yararlanacağı bir kaynak niteliğindedir.

Düşünceden Ekrana Televizyonda Program Yapımı adlı bu çalışmanın hedeflediği amaçlara ulaşması temel dileğimdir. Bu kitaptan yararlanacak olanları düşünmek beni şimdiden heyecanlandırıyor. Bu kitabın ortaya çıkmasında yazarın yanı sıra pek çok kişinin katkısı vardır. Bu alanda edindiğim bilgi ve deneyimlerimde emeği olan herkese teşekkürlerimi iletiyorum. Kitabın dizgisini ve kapak tasarımını özenle yaparak çalışmanın kitap hâline getirilmesindeki katkısından dolayı çalışma arkadaşım sevgili Anıl Bozkurtoğlu'na çok teşekkür ederim. Beni bu çalışma için cesaretlendiren eşim ve meslektaşım Sayın Prof. Dr. H. Hale Künüçen'in sonsuz teşekkür borçlu olduğum manevi destekleri beni bu çalışmaya yüreklendirdi. Kırk yılı aşkın bir süredir çeşitli yapımlarda birlikte çalıştığım öğretim elemanlarını ve diğer çalışma arkadaşlarımı da burada sevgi ve saygıyla anmak isterim.

Saygılarımla...
A. Şükrü Künüçen
Ankara, Eylül 2022

İÇİNDEKİLER

GİRİŞ

DÜŞÜNCEDEN EKRANA TELEVİZYONDA PROGRAM YAPIMI

GİRİŞ

Televizyonda program yapımı ilginç, çekici ve rağbet gören bir girişimdir.

Kimilerine göre "sihirli bir kutu" olan televizyon, kimilerine göre "aptal kutusu", kimilerine göre "dünyaya açılan pencere"... Kimileri için ise elektronik olanakların ve insan yaratıcılığının birleşimiyle görüntüler ve sesler aracılığıyla mesaj iletmektir. Nasıl tanımlanırsa tanımlansın gündelik yaşamımızın vazgeçilmez bir ögesi durumunda olan televizyonun üstlendiği işlevler ve toplumsal etkisi onu önemli ve güçlü kılıyor. İcat edildiği yıllar ve işlevi göz önüne alındığında hiç kuşkusuz bir teknoloji harikası olan televizyon, aslında elektromanyetik sinyallere çevrilmiş ışık enerjisini, tekrar ışığa dönüştüren elektronik bir araçtan başka bir şey değil. Oysa onu önemli kılan ve vazgeçilemeyecek yapan, teknik yapısı ya da içindeki elektronik devreler yerine ışığında izlediğimiz farklı dünyalardır. Dünyanın hatta evrenin akla gelmeyecek herhangi bir köşesinden haberler veren, olayları aktaran, içine milyonlarca insan sığdıran ve o insanları evimizin bir parçası hâline getiren televizyon kitle iletişiminde etkili bir araç konumunda. Televizyonun teknoloji ve sanayi boyutu olan bir kitle iletişim aracı olmasının yanı sıra sanat ve kültür üreten, eğlenceye yer veren ve siyasal ve toplumsal işlevleri olan bir niteliği de vardır.

1930'lardaki ilk yayın denemelerinden sonra televizyon yayıncılığı alanındaki çalışmalar İkinci Dünya Savaşı sonrasından bugüne artan bir yoğunlukla sürmektedir. O günlerden bu yana televizyonun giderek önem kazandığını ve yaygınlaştığını görüyoruz. Öncelikle ücretsiz ya da ucuz olması ve kolay ulaşılabilirliği ile televizyon geniş izleyici kitlelerinin başköşesine geçip oturdu. İzlemedeki iletişim ortamının rahatlığı, bilgilenmek ya da eğlenmek amacıyla bir çaba harcanmaması da bu aracı izleyici açısından cazip bir hâle getirdi. Çağımızda gelişen teknolojinin de katkısı ile dünyanın her yerine anında ulaşma olanağı, seslendiği kitlenin büyüklüğü ve bu kitleye giderek artan sürelerde hizmet vermesi hatta kesintisiz olarak çok sayıda kanaldan yayınını sürdürmesi ister istemez televizyona toplum yaşamında önemli bir işlev kazandırıyor.

Günümüz toplumlarının en önemli özelliklerinden birisi, iletişim teknolojisindeki gelişmelere paralel olarak bireylerin günlük yaşamında hemen herkesin televizyon iletişiminin kapsamı içinde olmasıdır. Televizyon insanların kendilerinden çok uzakta meydana gelen şeyleri o anda görebilmelerini sağlarken bunların kayıtlarıyla daha sonra tekrar tekrar izlenebilmesine de olanak tanır.

Bugün televizyon reklamcılıktan iş dünyasına, eğitimden eğlence sektörüne birçok alanda kullanılan bir iletişim aracıdır. Televizyon kuruluşları kamuya seslenen yayınlarını yaparlarken bazı işlevleri de yerine getirirler. Televizyon programları eğlendirme, haber verme, eğitim, tanıtım gibi değişik amaç ve işlevler için gerçekleştirilebilir.

Televizyonda program yapımı ilginç, çekici ve rağbet gören bir girişimdir. Bu ister stüdyo yapımı isterse dış çekim olsun böyledir. Bu çekici etkinlik insanı cezbeder. Çünkü her şeyden önce televizyonda program yapımı dinamik ve hareketli bir nitelik taşır. Bu her türlü program için böyledir. Programdan programa değişen konular, çekimler için yapılan yolculuklar, çeşitli insanlarla tanışma ve çalışma fırsatı, değişik çekim mekânları, program yapımında kullanılan değişik teknolojik araç gereçler tekdüzelikten uzak, heyecanlı ve maceralı bir yaşam sunar program üretiminde çalışanlara. Üstelik çok gelişmiş bir iletişim teknolojisiyle çalışmak insan için güzel ve cazip bir etkinliktir. Kameranın vizöründen dünyaya bakmanın insana nasıl bir zevk verdiğine çoğumuz tanık olmuşuzdur.

Televizyon programı yapmak temel olarak bir iletişim etkinliğidir. Televizyon iletişiminin ana amacı; hedef kitleye olabildiğince kapsayıcı olarak ulaşmak ve ulaştıktan sonra da izleyicileri ekran başında tutabilmektir. Ancak televizyonun izleme ortamından kaynaklanan bir dezavantajı vardır: Televizyon izleyicisi aydınlık bir ortamda görsel ve sese ait her türlü dış etkilere, uyaranlara açık (örneğin ortamda bulunan diğer kişilerin konuşmaları, dışarıdan gelen sesler, duyulan müzik sesi, izleme ortamındaki çeşitli olaylar, görüntüler vb.) bir durumda program izlemektedir. Bununla birlikte ekran boyutlarının küçüklüğü, ses niteliğinin nispeten yetersizliği de tasarım sürecinde televizyon programcılarına ek sorumluluklar getirir.

Televizyon izlemenin bir alışkanlık olmasının yanı sıra genel olarak isteğe bağlı bir etkinlik olduğunu ve bireylerin özgürce aldıklara karara dayandığını söyleyebiliriz. Bu nedenle program yapımcılarının, bir programı gerçekleştirirken;

1. Televizyon izleme eyleminin kişilerin belirli bir zamanda yapabileceği diğer birçok faaliyetle,
2. Her televizyon programının aynı anda diğer kanallarda yayınlanan benzeri türde ya da farklı türde programlarla rekabet hâlinde olduğunu göz önünde bulundurmaları gerekir[1].

Yukarıda söz edilen etkenler nedeniyle bir televizyon programı, izleyicinin ilgisini çekecek şeyler sunmadığında izleyici ya başka bir faaliyete girişecektir (Bu faaliyetler gazete, kitap okumaktan müzik dinlemeye, sinemaya gitmeye, dijital platform ya da sosyal medya ortamlarında çok sayıda alternatifi tercih etmeye kadar çok çeşitli etkinliklerden biri olabilir.) ya da diğer televizyon kanallarında daha çekici, etkileyici başka bir programı seçerek izleyeceklerdir. Televizyon programları sonuçta izleyicinin beğenisine sunulur. İzleyicinin beğenisini kazanamayan programlar izlenmez ve varlıklarını sürdüremez. Televizyon programcıları en az itiraz edilebilir programları üretmek durumundadırlar. Bunun için de televizyon iletişiminin etkili bir biçimde (etkili iletişim) gerçekleştirilmesi gerekmektedir.

Künüçen, etkili iletişimden anlamamız gereken şeyi; bir iletişim sürecinde hedef kitleye iletmek istediğimiz mesajı amaçladığımız şekilde iletmek ve beklediğimiz tepkiyi uyandırmış olmak olarak açıklar[2]. Etkili iletişimde amaç, mesajın amaçlandığı gibi alıcıya ulaştırılmasıdır. İletişim alanındaki en önemli konulardan birisi de kurulmak istenen iletişim sürecinin amaca uygun bir şekilde gerçekleşip gerçekleşememesi durumudur. İzleyici ile doğru bir iletişim kurulamadığında, etkili iletişim gerçekleşemeyeceğinden iletilmek istenilen mesaj, hedefine ulaşamayacaktır. Etkili iletişim sürecinde bir bilgi, mesaj aktarımı söz konusu olduğundan

---

1 Erol Mutlu, **Televizyonda Program Yapımı**, Ankara Üni., İletişim Fakültesi Yayınları, No: 4, Ankara Üniversitesi Basımevi, Ankara, 1995, s. 21.

2 H. Hale Künüçen, **Etkili İletişim-Genel İletişim**, Pegem Yayıncılık, Ankara, 2006, s. 65.

bu bilginin en iyi "nasıl" aktarılması gerektiği konusu önemlidir. Bunun için de öncelikle mesajın hedeflenen alıcının dikkatini çekmesi gerekir. Program yapımcıları da program tasarımında bu "Nasıl?" sorusu üzerinde yoğunlaşırlar ve televizyon iletişim işlevini yerine getirirken yapımcılar televizyonun kendine özgü anlatım dilini kullanırlar. Televizyonda görüntü ve ses yapımları oluşturan iki temel malzeme olarak karşımıza çıkar. Görüntü ve ses malzemesiyle algılamayı uyaran televizyon, görüntünün olanaklarıyla (renk, ışık, kompozisyon, görsel efekt vb.) sesin olanaklarını (müzik, diyalog, ses efektleri vb.) birleştirip kurguyla bunların eşlenmesini sağlayarak görme ve işitme duyularını uyarır, mesajını aktarır. Bir iletişim sürecinin amacına uygun ve doğru gerçekleşmesi gerekir. Bunun için herhangi bir iletişim aracında olduğu gibi televizyonda da etkili iletişim sağlamada televizyonun kendine özgü dilini, aracın olanaklarını ve sınırlılıklarını, gerekliliklerini, kullandığı araç gereci ve teknikleri yani televizyonu bilmek ve olanaklarını iyi kullanmak temel bir zorunluluktur.

Televizyonda program yapımı konusunda temel bilgilere sahip olmak, programcıların mesajını izleyiciye başarılı bir biçimde iletmeleri sonucunu doğuracaktır.

İzleyici üzerinde bilinçli bir iletişim etkinliği olarak televizyonun görüntü, ses ve hareket uyaranlarının amaca uygun kullanılması, program yapım sürecinin ayrıntılı planlanmasını gerektirir. Televizyonda program yapımı herhangi bir iletişim sürecinde olduğu gibi göndericinin mesajı düşünüp tasarlamasıyla başlar. Ancak iyi araştırılmış ve planlanmış projelerle nitelikli, başarılı yapımlar ortaya çıkabilir.

Televizyon programları üç temel yapım aşamasından geçildikten sonra gerçekleşir: 1. Yapım Öncesi, 2. Yapım ve 3. Yapım Sonrası. Televizyonda reklam, drama, tanıtım, belgesel vb. hangi alanda çalışırsanız çalışın yapımcı, yönetmen, kameraman vb. ne tür bir iş yaparsanız yapın program yapımına ilişkin bazı temel kurallar, izlenecek yollar vardır ve bunlar değişmez. Bunları bilirseniz yapım sürecinde çok daha rahat çalışırsınız ve başarılı olursunuz. Televizyon alanında çalışanlar öncelikle program yapım sürecinin nasıl işlediğini iyi bilmelidir. Televizyon program yapımcılığı konusunda her şeyden önce şunu söyleyebiliriz: Televizyonda program yapım sürecinin gerektirdiklerinden haberdar olmadan bu işe girişilmemelidir. Bu kitabın yazılma gerekçesini de işte bu iddia oluşturmaktadır.

Televizyonda program yapımcılığı üzerine verdiğim derslerin uygulama çalışmaları ve de profesyonel program yapım çalışmalarım sırasında program yapımcılarının tüm yapım süreci içinde her bir sürece ayrı ayrı gereken önemi vermediklerine sıkça tanık oldum. Program yapımcıları özellikle hareketli ve renkli geçen yapım (çekim) aşamasının her türlü zahmetine katlanmalarına karşın yapım öncesi (planlama ve hazırlıklar) aşamada yapılan çalışmalarda gereken özeni göstermemektedir. Bunun nedenini, program yapımcılarının yapım öncesi aşamasının bir yapım açısından taşıdığı önemin gereği kadar farkında olmamaları ya da bu aşamada yapılan uzun, sistemli ve yorucu çalışmalara katlanmak konusundaki isteksizlikleri olarak açıklayabilirim. Bazı program yapımcıları için iyi bir konu bulmak ve gelişmiş teknolojik araç gereçlere sahip olmak başarılı bir program için yeterliydi. Yapım öncesi aşamada yapılan çalışmaların uzun, sistemli ve yorucu yolculuğuna çıkmak ne kadar gerekliydi!

Televizyon programlarının yapım öncesi aşaması iletişimin etkinliğinde çok önemli bir rol oynar. Çünkü yapımların planlama ve hazırlık çalışmaları tamamlandığında bir anlamda yapım da programcının kafasında ve kâğıt üzerinde tamamlanmıştır. Geriye planlananların başarılı bir biçimde uygulanması kalmıştır. İşte bu nedenlerle bu kitap çalışmasında program yapım süreci bir bütün olarak gözden geçirilirken özellikle yapım öncesi planlama ve hazırlık çalışmalarının yapımların başarısındaki rolü ve önemi vurgulanmaya çalışılarak üzerinde ayrıntılı olarak durulmuştur. Örneğin, hedef kitlenin belirlenmesi yapım öncesi aşamada yapılan çalışmalardan birisidir. Bu konuya ilişkin olarak hedef kitle nedir, nasıl belirlenir, program açısından ne gibi öneme sahiptir gibi çeşitli konular ayrıntılarıyla ele alınmaya çalışılmıştır.

Televizyon programlarında "görüntü" ve "ses" bize bilgi veren, programın mesajını taşıyan iki önemli ögedir. Televizyon programlarının biçimini oluşturan bu iki temel yapım ögesi, aynı zamanda bu biçimle bağlantılı olarak mesajın içeriği üzerinde de etkili olur hatta anlamı oluşturur. Örneğin, görüntünün bir ögesi olarak bir aydınlatma biçimiyle izleyici üzerinde sevinç, mutluluk duyguları yaratılırken bir başka aydınlatma biçimiyle bu kez korku, endişe, gerilim duyguları yaratılabilir. Ya da bir ses efekti olarak horoz sesi bir olayın zamanın sabah olduğunu izleyiciye bildirebilir. Bu nedenle kitapta program yapım süreci içinde televizyon programlarının yapısını oluşturan görüntü ve sese ait temel ögeler incelenmiştir. Örneğin, görüntü nedir? Ne gibi işlevleri vardır? Görüntüyü oluşturan ögeler nelerdir ve bu ögelerin televizyon programlarındaki işlevleri ve önemi nedir? Benzer biçimde, televizyonda "ses" dediğimiz şey nedir? Ses yalnızca görüntüye destek olan ve gerçeklik izlenimi yaratan bir öge midir? Sesin televizyon programlarında ne gibi işlevleri vardır? Sesler izleyiciye yalnızca mesajı, metinleri mi taşırlar? Yoksa sesin psikolojik atmosfer yaratma, dikkat çekme, çevre yaratma gibi çeşitli işlevleri de var mıdır?

Bir televizyon programı yapım sürecinde yapımı oluşturan temel ögeler; yapımdaki insangücü (yapım ekibi) ve kullanılacak teknolojik araç gereçlerdir. Bu iki temel öge planlama ve organizasyon çalışmaları ile yapım için bir araya getirilir ve yapımlar gerçekleştirilir. Başarılı programlar ancak bu ögelerin başarılı kullanımıyla gerçekleştirilir. Örneğin, stüdyoda gerçekleştirilen karmaşık olmayan bir eğlence programında bile seçik olmayan görüntüler, kötü bir aydınlatma, ses sorunları, kötü kamera açıları, başarısız sunucular, zamana uyulamaması vb. sorunlar programı başarısız kılacaktır. Program yapımında ortaya çıkan çeşitli sorunlar insangücü, kullanılan araç gereç, planlama, organizasyon kaynaklı ya da bunların birkaçının bir araya gelmesinden oluşabilir.

Televizyon programlarını oluşturan temel ögelerden insan ögesi televizyon programları açısından ne gibi bir öneme sahiptir? Program yapımında hangi görevliler yer alır ve bunlar ne gibi işler yaparlar? Örneğin herkes program yapımcısı, senaryo yazarı olabilir mi? Bir senaryo yazarının sahip olması gereken temel nitelikler nelerdir?

Kitapta, yukarıda bazı örnekleri verilen benzer sorulara yanıt aranmış, televizyon programları yapımında rol oynayan temel ögelerin neler olduğu, bu ögelerin programlar açısından önemi ve üstlendikleri işlevleri tartışılmıştır. Bu kitapta, televizyon yapımlarında kullanılan teknolojik araç gereçlerin teknik özelliklerine değinilmemiş, bu araç gereçlerin program yapımlarındaki yeri ve önemi, kullanım biçimleri ve görsel anlatımdaki işlevleri üzerinde durulmuştur. Çünkü program yapımında önemli olan, kullandığınız araç gereçlerden çok onlarla ne yaptığınızdır. Örneğin teknolojik bir yapım aracı olarak kamera nedir? Televizyon kamerasının işlevi yalnızca teknik olarak görüntüyü oluşturmak mıdır? Yoksa kameranın bir iletişim işlevi de var mıdır? Kameranın görüntüleri kaydetmesi tamamen teknik ve nesnel bir işlem midir? Yoksa kameraya insan eli değer değmez kameranın değişik kullanım biçimleriyle kameranın karşısındaki varlıklar, olaylar kişisel bir bakış açısından mı yansıtılır yani öznel bir niteliğe mi bürünürler? Eğer böyle ise nesnel gerçeklik kameranın çeşitli kullanım biçimleriyle nasıl çarpıtılabilmektedir? Kitapta yukarıda açıklanmaya çalışıldığı gibi teknolojik araç gereçlerin program yapımındaki işlevlerine yer verilmiştir.

Bu kitabın temel amacı; televizyonda program yapım sürecinin nasıl işlediğini, bu süreçte ne gibi çalışmalar yapıldığını ve bir televizyon programının başarılı bir biçimde nasıl planlanması gerektiğini anlatmaktır. Başka bir deyişle, bu kitap bir program yapımcısının gerçekleştirmeyi düşündüğü bir televizyon programı için program düşüncesinden başlayarak programın ekranlara yansıyana kadar program yapım sürecinde yapılan tüm çalışmalar konusunda temel bilgileri sağlamak ve bir programı en etkili bir biçimde nasıl gerçekleştireceğimiz konusunda yol gösterici olmak için yazılmıştır. Bu kitabı okuyanlar, televizyon programlarının yapım sürecini bir bütün olarak görecek, yapım süreci içinde ne gibi çalışmaların yapıldığı ve bu çalışmaların program açısından taşıdığı önem konusunda çeşitli bilgiler edineceklerdir. Kitapta yapım öncesi aşamada yapılacak çalışmaların önemine ve yapımların başarısındaki rolüne vurgu yapılması temel kaygı edinilmiştir. Program yapım süreci içinde televizyon programlarının temel yapısını oluşturan görüntü ve ses ögelerinin ele alınarak irdelenmesi kitabın bir diğer amacıdır.

Bu kitabın en önemli özelliği; program yapım sürecini adım adım ve tüm ayrıntılarıyla ele almasıdır. Kitap, televizyon programcılığı alanında çalışmaya yeni başlayanlara yol gösterici olmak, hâlen çalışmakta olanların eksikliklerini gidermek ve onlara önceden öğrendiklerini hatırlatmak ya da bu alanda çalışmak isteyen, televizyon izleyen ve onu tanımak, anlamak isteyenlerin yararlanacağı bir çalışma olarak düşünülmüştür. Dolayısıyla kitabın hedef kitlesi öğrencilerden akademisyenlere, mesleğini profesyonel olarak sürdürenlerden konuya ilgi duyan televizyon izleyicilerine kadar geniş bir grubu oluşturmaktadır.

Haziran 2018 verilerine göre Türkiye'de 19 ulusal, 12 bölgesel ve 165 yerel düzeyde olmak üzere yayın yapan toplam 196 televizyon kuruluşu bulunmaktadır[3]. Ülkemizde ticari televizyon kuruluşlarının ve yapım şirketlerinin sayısındaki artış beraberinde nitelikli eleman gereksinimini de ortaya çıkarmıştır. İşte bu nedenlerle de televizyonda program yapımı alanında mesleğime adım attığım günden bu yana 40 yıldan fazla zamanda gerek teorik gerekse uygulamalı çalışmalarla elde ettiğim bilgi ve deneyim birikimimi bu kitap aracılığıyla okurlarla paylaşmak ve alanın hizmetine sunmak istedim. Kitabın işlevsel ve bu alana ilgi duyan herkese yararlı olması temel beklentim ve dileğimdir.

---

3 Broadcaster info. **Aylık Televizyon, Radyo, Sinema Teknolojileri Dergisi**, sayı:163, İstanbul, Haziran 2018, s. 125.

Televizyon ve video yapımları aynı "dili" kullanan iki mecra. Televizyon programları ve video yapımları üretiminde esas olarak aynı anlatım dili kullanılır. Televizyon ya da video yapımlarının çoğu temel işlemleri fazla bir değişiklik göstermez ve temel basamakları benzerdir. Bu nedenle görüntü dilini kullanan bir belgesel yapımının ya da dramanın televizyon ya da video için yapılmasında izlenen yol hemen hemen aynıdır. Televizyonda en önemli fark özellikle stüdyo yapımlarında ortaya çıkar ki bazıları televizyonu yalnızca stüdyo yapımları olarak görür, sinema ve video yapımlarını televizyondan ayrı tutar. Oysa televizyonun elindeki araç gereçlerle topluma bir mesaj iletilecek, bir anlam ortaya çıkaracak ve insanları çeşitli yönlerden etkileyecek bir araç olduğu göz ardı edilmemelidir. Televizyon bir anlatım aracıdır. Mesajını en etkileyici biçimde aktarmak için görüntü sanatlarının temel özelliklerinden yararlanır. Televizyon, teknoloji ile sanatın birbirine en çok yaklaştığı, birbirine en çok ihtiyaç duyduğu bir anlatım aracıdır.

Televizyonda program yapımı ile ilgili kitapta yer alan konular bugün elektronik görüntüyü kullanan video yapımları için de geçerlidir. Bu kitap çalışmasında geçen "yapım" sözcüğü ile televizyon programları ve video yapımlar kastedilmektedir.

I. BÖLÜM

TELEVİZYONA GİRİŞ VE TARİHÇE

Televizyonun Tanımı ve Tarihsel Gelişimi

Latince kökenli bir sözcük olan televizyonun kelime anlamı, tele (uzak) ve vision'dur (görüntü). Televizyon, görüntülerin ve sesin elektriksel işaretlere dönüştürülerek alıcıya iletilmesi ve alıcıda yeniden görüntü ve sese dönüştürülmesidir. Televizyon yayını ise, elektromanyetik dalgalar aracılığı ile bir olayın, bir iletinin bir program özelliği ile topluma hem ses hem de görüntü olarak aktarılmasıdır. Bu aktarmada, boşlukta yayılan ses ve görüntü sinyalleri bir verici antenden çıkar ve bu amaç için geliştirilmiş alıcılar aracılığı ile alınır.

Televizyon, günümüzde kitle iletişim aracı olarak kullanılan elektronik bir araçtır. Bildiğimiz gibi kitle iletişim araçları olarak, gazete, kitap, dergi gibi basılı yayınlar, sinema, radyo, televizyon, compact disc, internet gibi iletişim teknolojisindeki gelişmelerin ürünü olan araçlar anlaşılmaktadır. Bu araçların değişik özellikleri olmasına karşın tek önemli ortak özellikleri; verilen mesajı çoğaltmalarıdır. Çünkü bu araçlarla mesajı alanların sayısı çoğalır. Bu nedenle, bu araçlara "mesaj çoğaltıcıları" da denmektedir.

Çağımızda gelişen teknolojinin de katkısı ile dünyanın her yerine ulaşma olanağı bulunmuştur. Kitle iletişiminin insanlığın var oluşundan beri devam etmekte olduğu söylenmekte ise de asıl önem kazanması basılı yayınların, sinema, radyo, televizyonun bulunması ve kitle iletişim araçları olarak görev yapmaya başlamalarından sonra olmuştur. Göze ve kulağa aynı anda seslenen bir araç olan televizyonun onu diğer iletişim araçlarından ayıran en temel özelliklerini şöylece açıklayabiliriz: 1. Genel olarak televizyon izleme ücretsizdir, yayınlar için bir bedel ödenmez. 2. Demografik bir özellik istemez. Yani her yerde izlenebilir, her yaştaki kişi izleyebilir, her gelir grubu izleyebilir vb. Televizyonun eşit dağılım özelliği onun en tipik yönünü oluşturmaktadır.

Televizyonun ortaya çıkışı ve teknik gelişiminde radyonun icadının önemli bir payı olmuştur. Radyonun babası olarak bilinen İtalyan mucit

Marconi, elektromanyetik dalgalar aracılığıyla uzak mesafeler arasında iletişim kurabilmenin mümkün olduğunu uzun çalışmaları sonucunda keşfetmiştir. 1900'lü yılların başlarında hızlanan radyo çalışmaları sonucunda 1906 tarihinde Marconi tarafından ses dalgalarının aktarımıyla ilk radyo yayını gerçekleştirildi. Havadan mesaj göndermek için radyo dalgalarından yararlanma düşüncesine kapılan Marconi, uzak yerler arasında ses dalgalarının aktarılması aracılığıyla iletişimi olanaklı kılarak ve "ticari eğlence" yaşamını dönüşüme uğratarak dünyayı değiştirecek bir icat gerçekleştirdi. İcadından kısa bir zaman sonra düzenli radyo yayınlarının 1920'lerden itibaren pek çok ülkede başlatıldığını görüyoruz.

Radyo yayınlarının tüm dünyayı sardığı 1930'lu yılların en popüler düşüncesi "Bir gün gelecek ve biz radyolarda konuşulan sesin görüntüsünü de izleyecek miyiz?"dir. Televizyonun toplumun hizmetine sunuluşu, diğer bir deyişle kitle iletişim aracı olarak kullanılmaya başlaması radyodan on beş-yirmi yıl kadar sonra olmuştur. Ancak bu konudaki çalışmalar kuşkusuz çok daha eskiye uzanmaktadır.

Televizyon ile ilgili olarak ilk teknik buluş İrlandalı bir telgrafçı olan Andrew May tarafından 1873'te yapılmıştır. May, ışık dalgalarını elektrik akımına çevrilebildiğini ve selenium adlı kimyasal maddenin elektriğe karşı dirençli olduğunu buldu. May'ın bu buluşundan on yıl kadar sonra Alman bilim adamı Paul Nipkow döner disk adı ile anılan bir araç geliştirerek 1884'de ilk televizyonun patentini aldı. Bu araç, görüntüyü başka yere aktaran ilk araç olması bakımından önemli bir buluştur. Nipkow'un buluşu sonraki yıllarda çeşitli bilim adamlarınca uygulama alanına konuldu. 1923'de Amerika'lı Jenkins, 1925'de ise İngiliz Logie Baird Nipkow'un döner diskini kullanarak ilk deneme yayınlarını yaptılar. 1928 yılında NBC yayın kuruluşu bir kıyıdan diğer kıyıya yayını gerçekleştirdi ve aynı yıl Londra'dan verilen bir görüntü New York'dan izlendi[(4)]. İlk televizyon çalışmalarında karşılaşılan sorunların başında, görüntünün dönüştürüldüğü elektriksel işaretlerin kuvvetlendirilememesi ve uzağa gönderildiğinde zayıflaması geliyordu. Daha nitelikli yayın için çalışmalara devam edildi.

Kılıç, elektronik görüntünün en büyük atağını 1936 Berlin Olimpiyat oyunları sırasında yaptığına ve 180 bin kişinin bu oyunları elektronik görüntü olarak televizyon ekranından izlediğine işaret eder. Bu, elektronik görüntünün teknik olarak gelişmesindeki en büyük adım idi. Görüntü ve

4 Aysel Aziz, **Elektronik Yayıncılıkta Temel Bilgiler**, TRT Eğitim Dairesi Başkanlığı Yayınları, No: 3, TRT Basım ve Yayın Müdürlüğü Ofset Tesisleri, Ankara, 1989, s. 11.

ses birlikte "canlı yayın" olarak kilometrelerce uzağa ulaştı. Bu olay bir yönüyle insanların yaşamını yönlendirecek olan televizyonun ilk denemesi, diğer yönüyle de video olarak gerçek nesnelerin çok kısa bir sürede üretilen görüntülerinin yine mümkün olan en kısa sürede birden çok mekânda yanılsama olarak izlenebilmesiydi[5].

Yapılan çeşitli denemelerden sonra ilk düzenli televizyon yayını 1936 yılında İngiltere'de başladı ve bu ilk yayınlar büyük ilgi uyandırdı. Bu tarihten başlayarak Avrupa'da izlenebilir kalitede televizyon yayınları yapılmaya başlandı. Fakat İkinci Dünya Savaşı nedeniyle yayınlara ara verildi. 1945'ten itibaren yeniden yayın çalışmalarına başlandı. Aradan geçen zaman içinde televizyon yayınları gerek kapsama alanı, gerek izleyici sayısı ve gerekse programların niteliği bakımından büyük gelişme göstermiştir. Kuşkusuz bu gelişmelerde elektronik teknolojisindeki gelişmelerin payı büyük olmuştur.

İngiltere'den sonra televizyon yayınlarını başlatan ikinci ülke ABD'dir. Deneysel yayınlara 1936 yılında başlanmışsa da resmî nitelikte ilk yayın 1939 yılında New York'da yapılmakta olan Dünya Fuarı'ndan izlenimlerle verilmiştir.

Düzenli televizyon yayınlarını 1939 yılında başlatan üçüncü ülke Sovyetler Birliği'dir. Almanya ve Fransa da televizyon yayınlarının öncüleri arasındadır. 1938'de her iki ülke deneme yayınlarına başlamışlardır. Japonya İkinci Dünya Savaşı'nın ağır yükü nedeniyle televizyon yayınlarına ancak 1953 yılında başlayabilmiştir. Televizyonun diğer kitle iletişim araçlarına göre hem göze hem de kulağa yönelik olması bu aracın kısa zamanda diğer ülkelerde de hızla yayılmasına neden olmuştur. ABD'de renkli televizyon yayınlarının net olarak alınması 1950'lerden sonra olmuştur. İlk ticari renkli televizyon yayını ise ABD'de 1954 yılında başlatılmıştır[6]. Türkiye'de 1968 yılında Ankara'da haftada üç gün siyah-beyaz olarak başlayan televizyon yayınları 1984 yılından itibaren renkli yayın şeklinde sürdürülmüştür.

Televizyonda Görüntünün Oluşumu ve Yayın Sistemleri

Teknik açıdan televizyon kısaca, görüntünün ve sesin elektriksel işaretlere çevrilerek bir yerden başka bir yere iletilmesidir. Televizyonda

5 Levend Kılıç, **Görüntü Estetiği**, İnkılap Kitabevi Yayın Sanayi ve Tic. A.Ş, İstanbul, 2000, s. 3.

6 Aziz, **1988**, s. 11.

görüntülerin oluşturulabilmesi için görüntünün kamera ile alınıp satır satır taranması ve satırların yeniden birleştirilmesi ile mümkün olur.

Kesim, değişik ülkelerde renkli televizyon sistemleri üzerine yapılan çalışmalarda bir standart getirildiğini ve aşağıdaki üç ana sistem kabul edildiğini belirtir[7]:

1. Pal. 625 satır, 50 Hz. 1967.
2. Secam. 819 satır, 50 Hz. 1967.
3. Ntsc. 525 satır, 60 Hz. 1953.

Pal Fransa ve İngiltere dışında Avrupa ülkelerinde, Secam Fransa ve Rusya'da, Ntsc ise ABD, Kanada ve Uzak Doğu ülkelerinde kullanılmaktadır. Türkiye pal sistemini kullanmaktadır. Bu üç renkli televizyon sistemi de kendi arasında bazı değişiklikler gösterir. Çeşitli ülkelerde kullanılan yayın standartlarının farklı oluşundan dolayı bir televizyon alıcısı bir başka ülkede üzerinde sistem değişikliği yapılmadan kullanılamamaktadır.

Televizyon iletişimi

Mutlu'nun vurguladığı gibi televizyon yayıncılığı her şeyden önce bir iletişim etkinliğidir. Televizyon programcısı, bir anlamda iletişim planlaması yapar ve iletişimi belli bir amaç doğrultusunda kurmak ve yürütmekle görevlidir. Mesajın etkililiği televizyonculukta temel kaygı olduğu için iletişimin işlevsel yanını ön plana çıkaran bir yaklaşımın benimsenmesi doğru olacaktır. İletişimin etkililiği açısından bakıldığında, eski bir yaklaşım olan doğrusal ve tek yönlü iletişim anlayışı yerine daha sonra iletişim sürecine geribesleme (feedback) kavramı girer. Yani alıcının mesaja vereceği tepkileri de ön plana çıkaran yaklaşımın kabul görmesiyle programcısına mesajına ve mesajın dağıtımına ilişkin soruları gözden geçirme olanağı sağladığı için televizyonla iletişimin planlanmasında bu yaklaşım stratejik bir düşünce olarak çok işe yarar. Herhangi bir iletişim süreci bir göndericinin bir mesajı düşünüp tasarlamasıyla başlar. Mesaj daha sonra bir sinyale ya da sinyaller dizisine çevrilir yani kodlanır (elektriksel işaretler) ve belli bir araç ya da kanal aracılığıyla alıcıya iletilir. Alıcı da sinyali dekode eder (çözer), mesajı yorumlar ve mesajın anlaşılıp anlaşılmadığını belirten bir sinyali kaynağa geri gönderir[8].

---

[7] Mehmet Kesim, **Televizyonda Görüntü Alma ve Saklama Sistemleri**, Anadolu Üni. Yay., Yayın No: 270, Eskişehir, 1988, ss. 5-8.

[8] Erol Mutlu, **Televizyonda Program Yapımı**, Ankara Üniversitesi İletişim FakültesiYayınları, No: 4, Ankara Üniversitesi Basımevi, Akara, 1995, ss. 12-13.

Gönderilmek istenen bir mesaj kaynaktan çıkar. Bu kaynak konuşan, hareket eden bir kişi ya da bir televizyon kuruluşu olabilir. Kaynaktan çıkan mesajın belli bir biçimde kodlanması gerekmektedir. Televizyonda kodlama, gerçek ses ve görüntünün elektriksel işaretlere dönüştürülmesidir. Mesajın hedeflenen alıcıya gönderilebilmesi için bir ortamın yani bir kanalın kullanılması, belli bir yoldan geçip gitmesi gerekmektedir. İletişimde kanal dendiğinde, radyo dalgaları, ses dalgaları, telefon kabloları gibi iletiyi taşıyan fizik aracıları kastedilmektedir. Bunlar duyu organlarını uyarabilecek ve belli fiziksel özellikleri olan aracılardır. Kanaldan geçip giden mesaj, alıcıya geldiğinde bir kod çözücü aracılığıyla kodlanan mesajın çözülmesi gerekir yani, ses ve görüntü sinyallerinin televizyonda gerçek ses ve görüntüye dönüştürülmesi gerekir. Bu olayı bir iletişim süreci için basit bir örnekle açıklamaya çalışalım. Birbirinden uzak yerlerde bulunan iki kişi telefon aracılığı ile aralarında iletişim kuracak olsun. A kişisi numaraları çevirdikten sonra bu kaynak kişinin ağzından çıkan her ses (sözcük) yani mesaj telefon sistemi içinde elektriksel işarete dönüştürülür. Bu bir kodlamadır. Telefon hattı boyunca giden ses kanal olarak telefon tellerini kullanır. Mesaj B kişisine ulaştığında elektriksel işarete çevrilmiş olan ses bir öncekinin tersi bir işlemle telefon aracılığı ile bu defa gerçek sese çevrilir ve bu da mesajın çözülmesi anlamına gelir.

Mutlu, televizyonla iletişim modelinden hareketle televizyon iletişiminin temel unsurlarını kaynak, mesaj, kanal, alıcı, amaç, etki, geribesleme olarak ayrımlar[9].

a. Kaynak

Tek tek televizyon programlarının kaynağında asıl olarak program fikrini düşünüp geliştiren bireysel iletişimci yani program yapımcısı bulunur. Ancak kitle iletişimini diğer iletişim türlerinden ayıran özelliklerin başında iletişim kaynağının kurumsal yapısı gelir. Yani televizyon yayıncılığında mesajı gönderen bir kurumdur. Bu kurumun son çıktısı televizyon programıdır. Televizyon iletişiminin kaynağında, televizyon programının gerçekleştirilmesine katkıda bulunan yapım ekibinin yanı sıra bir de yayın kuruluşları bulunur. Tek tek televizyon programlarından oluşan genel yayını programlamak ve bu yayının izleyicilere iletilmesini sağlamak da bu kuruluşun sorumluluğundadır.

9 **A.g.e.**, ss. 14-24.

b. Mesaj

Mesaj, göndericinin alıcıya gönderdiği iletilerdir. Bu iletiler televizyon iletişiminde televizyon programlarının kendisidir. Diğer bir deyişle, televizyon programları televizyon iletişiminin mesajıdır. Mesajı oluşturan temel ögelerden birisi aktarılan bilgiler, diğeri ise bu bilgilerin "nasıl" aktarıldığı yani bilgilerin ifade biçimidir. Bir televizyon programında (mesaj) gerek aktarılan bilgiler gerekse bu bilgilerin nasıl aktarıldığı izleyiciyi mesaja (programa) ilgi duyacak şekilde olmalıdır ki program ilgiyle izlenebilsin.

c. Kanal

İletişimi mesajını taşıyan her sinyali göndericiden alıcıya iletileceği bir kanalı gerektirir. Televizyon esas olarak elektronik iletişim kanalıdır. Televizyon mesajlarını taşıyan ses ve görüntü sinyalleri elektronik araçlarla havadaki radyo dalgalarıyla (karasal yayın), kablolar aracılığı ile (kablolu yayın), uydu ve internet üzerinden iletilmektedir. Özellikle kablolu yayın, televizyon iletişiminin radyo dalgalarının sınırlı kullanım alanı olması nedeniyle kısıtlı kanal sayısını büyük ölçüde arttırma olanağını getirmiştir. Kablolu yayın, teknik açıdan kanal sayısını büyük ölçüde artırırken, televizyon yayıncılığına da yeni boyutlar kazandırmaktadır. Örneğin, kablo sayesinde televizyon kanal kapasitesinin artması bu kanalların daha özgül beğenilere yönelik programlarla doldurulmasına, özgül beğeni ve kültürel kümelere yönelik kanalların ortaya çıkmasına yol açmıştır. Böylelikle de genel izleyici kitlesini hedef alan yayıncılık anlayışı yerini giderek daha özgül izleyici kitlelere yönelik bir televizyonculuk anlayışına bırakmaktadır. Müzik kanalları, spor kanalları, haber kanalları bu anlayışın örnekleridir. Yine kablolu televizyon teknolojisinin sunduğu bir başka olanak, paralı televizyon yayını uygulamalarıdır. İzleyici herhangi bir programı, filmi belirli bir ücret karşılığında izleyebilmektedir.

d. Alıcı/İzleyici

Televizyon iletişiminde alıcı dendiğinde kastedilen izleyicilerdir. Televizyon izleyicileri diğer kitle iletişimi araçlarına oranla en geniş sayıyı oluştururlar. Üstelik bu kitle, diğer kitle iletişim araçları tüketicilerinden farklı olarak toplumun hemen tüm sosyoekonomik katmanlarını da içermektedir.

Bir televizyon programının başarısı izleyicilerin beklentilerini karşılama derecesiyle yakından ilgilidir. Programın, mesajın ana fikrinin anlaşılması ve izleyiciyi etkilemesi, izleyici tarafından benimsenmesi izleyicilerin beklentilerini karşılamayla doğru orantılıdır. Örneğin, piyasaya çıkarılacak yeni bir diş macunu için yapılacak reklam filminde kırsal kesimde yaşayanların da diş macununu kullanımını arttırmak amaçlanıyorsa reklamda bu diş macununun ağız kokusunu gidereceği vurgusu reklamın amacına ulaşmasını engelleyebilir. Buna karşın sağlığa ilişkin bir vurgu ise diş macununun bu kitlenin beklentilerine daha uygun olacağı için daha doğru bir yaklaşım olabilir.

Bir program yapımcısı izleyicinin dikkatine ilişkin değerlendirmelere çok dikkat etmelidir. Özellikle günümüzde birçok televizyon programının birbiriyle rekabet ilişkisi içinde olduğu göz önüne alınırsa izleyicinin dikkatini belli bir programa çekmenin, onun bu programla olan ilgisini yani dikkatini sürekli kılmanın önemi büyüktür. İzleyiciyi ekran başında tutabilmek için televizyon izleyicilerine ve izleme deneyimine ilişkin bazı özelliklerin bilinmesinde ve program planlaması yapılırken bunların değerlendirilmesinde büyük yarar vardır.

İzleyicinin dikkatini çekmede "programın içeriği" çok önemlidir. İzleyici programın içeriğini önemli görürse dikkati program üzerinde odaklanır ve başka türlü faaliyet (gazeteye bakıyordur, ailesiyle konuşuyordur vb.) bir yana bırakılır. Programı tamamen ya da büyük bölümünü izler. Programın içeriği ilgi çekici ve önemli değilse izleyicinin dikkati başka bir iş üzerinde odaklanmıştır. Televizyon programı sadece bir fon gürültüsü işlevi görmektedir.

İzleyicinin dikkatinin çekilmesinin yanı sıra "dikkat aralığının uzunluğu" da önemli bir ögedir. Dikkat aralığının uzunluğu çeşitli etmenlere bağlı olarak değişiklik gösterir. Program içeriğinin, o birey için ilgi ve değerinin derecesi ve bireyin televizyon programındaki malzemeyi (görüntü-ses) algılama, anlama, değerlendirme, yorumlama kolaylığı dikkat aralığını belirleyici etkenlerdir. Program malzemesinin karmaşıklığı, zorluğu dikkat aralığının kısalmasına neden olur. Ayrıca demografik özellikler (yaş, cinsiyet, eğitim düzeyi vb.) de dikkat aralığının süresini etkiler. Örneğin bilinen bir kural olarak çocukların dikkat aralığı yetişkinlerden daha kısadır.

e. Amaç

Televizyon iletişiminin temel amacı olabildiğince geniş bir izleyici kitlesine ulaşmak ve ulaştıktan sonra da izleyicileri ekran başında tutabilmektir. Bunun için programcılar çok çekici ve etkileyici programlar üretmek durumundadırlar. Kamu yayıncılığı hizmeti sunan televizyon kuruluşlarında bu amaçların yanı sıra programların izleyicileri eğitim, kültür gibi çeşitli yönlerden etkilemesi de önem taşır.

f. Etki

Kitle iletişim araçlarının etkisi, geniş biçimde mesajın yöneldiği hedef kitlenin tutum ve davranışları üzerinde herhangi bir değişiklik yaratılması olarak tanımlanabilir. Kitle iletişim araçlarıyla amaçlanan da böyle bir etkinin yaratılmasıdır. Bu nedenle iletişim sürecinin amacı ile etkisi arasında yakın bir ilişki bulunmaktadır. Televizyon iletişimi izleyici üzerinde amaçlanan etkiyi yaratmasıyla kendisinden beklenen işlevi yerine getirebilir. Örneğin, bir reklam filmi hedef kitle üzerinde herhangi bir etki yaratamazsa sonuçta reklamı yapılan ürünün satışlarında beklenen bir artış olmayacaktır. Bu nedenle televizyoncular programlarını gerçekleştirirlerken yaratmak istedikleri etki için gerek içerik gerekse biçim açısından programlarını bu amaca göre yapılandırmaları gerekmektedir.

g. Geribesleme (Feedback)

İletişimde önemli bir konu olan geribesleme, kaynağın gönderdiği mesaj alıcı tarafından alındığında, alıcının uyarısı ile kaynağın kendisini ayarlaması veya düzenlemesidir. Geribesleme iletişim sürecinde, sürecin işlevini yerine getirmesinin, iletişimin niteliğinin iyileştirilmesinin ve süreçteki hataların düzeltilmesinin temel unsurudur. Örneğin yüz yüze olan iletişimde birbirine uzakta olan iki kişiden mesajı alan kişinin mesajı yani, sesi duymadığını çeşitli yollarla ifade etmesiyle kaynak konuşmacının sesini yükseltmesi geribeslemeye örnek olarak verilebilir. Geri beslemenin sağlanamaması hâlinde, kaynağın kendisini kontrolü zor olacaktır. Televizyonda geribesleme yani alıcının mesaja vereceği tepkiler, televizyon programcısının mesajına ilişkin sorunları gözden geçirme olanağını sağladığı için televizyonla iletişimin planlanmasında stratejik bir düşünce olarak çok işe yarar. Televizyon kuruluşlarının kendilerinin yaptığı ya da çeşitli araştırma kuruluşlarının yaptıkları etki araştırmaları, izlenme oranı ve izleyici payı (ratings ve share) ölçümleri başlıca geribesleme mekanizmalarıdır. İzlenme oranı, bir ülkedeki televizyon sahibi tüm hanelerin programı izleyen hanelere oranını ifade eder. Herhangi bir programın izlenme oranı, o programa ayarlanmış televizyonlu hane sayısının toplam televizyonlu hanelere bölünmesiyle bulunur. İzleyici payı, programın yayınlandığı saatte, televizyon izleyen hanelerin o programı izleyen hanelere oranıyla saptanmaktadır. Gazete ve dergilerde yer alan program eleştirileri, televizyon kuruluşlarına çeşitli şekillerde ulaşan izleyici tepkileri, RTÜK'e (Radyo ve Televizyon Üst Kurulu) iletilen şikâyetler, televizyonculuk işini yapanların görüşleri, değerlendirmeleri, yakın çevrelerinin tepkileri de birer geribesleme kaynaklarıdır.

Televizyonun İşlevleri

Aziz'e göre radyo ve televizyon kuruluşları, hangi sistemle yönetilirlerse yönetilsinler, kamuya seslenen yayınlarını yaparlarken belirli ortak işlevleri yerine getirirler ve varlıklarının nedeni de bir bakıma "bu işlevlerin yerine getirilmesi"dir. Bu işlevler beş grupta toplanabilir[10].

a. Haber verme,

b. Eğitme,

c. Eğlendirme,

d. Mal ve hizmetlerin tanıtılmasını sağlama,

e. İnandırma (ikna) ve harekete geçirme.

Genel olarak ülkeden ülkeye bu işlevlerin yerine getirilme dereceleri farklılıklar göstermesine rağmen bu hizmetlerin tümüne her ülkede rastlanılabilir.

a. Haber verme işlevi

Haber verme ve almanın insanlık tarihi ile başladığını, insanın var olmasıyla haber gereksinmesinin doğduğunu söyleyebiliriz.

b. Eğitme işlevi

Radyo-televizyon kuruluşlarının haber verme işlevinden sonra en önemli işlevi eğitimdir. Ulusal kalkınmalarını tamamlayamamış ülkelerde radyo-televizyonun bir eğitim aracı olarak kullanılmaları son yılların en etkin eğitim yöntemi olarak kabul edilmektedir. Radyo-televizyonun eğitici işlevi yalnızca geri kalmış ya da kalkınmakta olan ülkelerde değil kalkınmış ülkelerde de söz konusudur.

c. Eğlendirme işlevi

Radyo-televizyon yayınlarının eğlendirme işlevi, başka bir deyişle, hoşça zaman geçirtme diğer işlevlerin yerine getirilmesinde yardımcı bir unsurdur. Bu işlevin, eğlendirme hizmetini kişinin ayağına ucuz olarak

---

10 Aysel, Aziz. **Radyo ve Televizyon ile Eğitim**, Ankara Üni., E. Fak. Yayını, Ankara, 1982, ss. 27-31.

getirmesi yanında diğer bir önemi de eğitim-kültür yayınlarının izlenme şansını arttırmasındadır. Genellikle radyo-televizyon yayınlarında bir slogan durumuna getirilen "eğitirken eğlendirmek-eğlendirirken eğitmek" deyişinin bu nedenden ileri geldiğini söylenebilir.

Eğlendirme işlevinin, radyo-televizyon kuruluşlarının yönetim sistemlerine bağlı olarak oranı değişmektedir. Ticari televizyon kuruluşlarında amaç, reklam yoluyla mal ve hizmetlerin tanıtılması ve satılması olduğundan eğlence programlarının oranı büyüktür. Yapılan programlar, reklam veren firmaların desteklemeleri ile büyük harcamalarla, ünlü oyuncu ve sanatçıların yer aldığı eğlence, show programları biçimindedir.

d. Mal ve hizmetlerin tanıtılması işlevi

Radyo-televizyon kuruluşlarının bir diğer işlevi mal ve hizmetlerin tanıtılmasını sağlamaktır. Reklamcılığın geniş bir bölümünü oluşturduğu bu işlev, özellikle radyo-televizyon kurumlarının özel girişimin elinde olduğu ülkelerde bu işlev çok daha önemli bir duruma gelmiştir. Hatta denilebilir ki, bu kurumlarda yayının amacı mal ve hizmetlerin satışını arttırmaktır. Ancak yayınlarında reklama yer vermeyen yayın kuruluşlarında da bu işlevin önemi vardır. Yayınlanan bazı programların içeriğinde bu işlevin yerine getirildiği görülür. Örneğin, bir toplantının yapılması ile ilgili bir haber ya da yeni çıkan bir kitabın tanıtımı bu tür bir işlevin kapsamına girer.

Özel girişimci Amerikan sisteminde yayınların esas amacının "reklam yayınları" olduğu yani, mal ve hizmetlerin tanıtılması, satılması amacı ile olduğu anımsanırsa bu işlevin bu tür yayın sistemini benimsemiş yayın kuruluşlarındaki önemi daha iyi anlaşılır. Bu gibi istasyonların her türlü harcamaları ve karları yayınlarında yer alan reklamlar yoluyla karşılanmaktadır.

e. İnandırma ve harekete geçirme işlevi

Bu işlev radyo-televizyon kuruluşlarının diğer işlevlerinden ayrı değil onların tümünü kapsayan, onlarda bulunan bir diğer niteliktir. Gerek haber verme ve eğitim işlevleri sırasında gerekse mal ve hizmetlerin tanıtılmasında kişide verilene karşı bir inandırma ve bunun sonucunda da gerekiyorsa bir harekete geçirme söz konusudur. Yapılan yayınlarda bu amaçlanmış ve sonuç olarak bu alınmış ise yayın etkili olacaktır. Özellikle, yeni kalkınmakta olan ülkeleri alırsak, söz gelimi, üretimi arttırmayı amaçlayan ulusal politikanın gerçekleşmesi için geleneksel üretim yöntemleri bırakılarak bilimsel yöntemlere geçilmesi radyo ve televizyon aracılığı ile topluma aktarılıyorsa, bunun sonucunda bir inanma, ikna ve harekete geçme, yani kullanılması istenilen yöntemin kabul edilmesi beklenir. Reklam yayınlayan televizyon kuruluşlarında bu işlev çok önemlidir. Çünkü amaç, reklamda yer alan şeyin (mal ya da hizmetin) satılmasıdır.

Kitle iletişim aracı olan televizyonun diğer işlevleri arasında toplumsallaştırma, bütünleştirme, kültürün kuşaktan kuşağa geçişini sağlama, kamuoyu oluşturma, denetim ve eleştiri işlevlerini de sayabiliriz. Demokratik ülkelerde medyanın denetim ve eleştiri işlevi bir denetim ve eleştiri mekanizması olarak önemli bir işlev görmektedir.

Belli program türlerinin işlevlerine göre ayrımlamasında çeşitli sınıflandırmaların sınırlarının pek de kesin biçimde ayırt edilemeyeceği görülür. Örneğin bir drama programı izleyiciye hoşça zaman geçirtip onu eğlendireceği gibi izleyiciye belirli konularda bilgi de verebilir, eğitici de olabilir ve nihayet izleyicinin düşüncesini, inancını farklı yönlere kanalize etme bakımından ikna edici, inandırıcı da olabilir. Dolayısıyla bir sınıflandırma için bu ayrımların sınırlarının pek de kesin olarak belirlenemeyeceğini söylemeliyiz.

Neden Televizyon İzleriz?

Kitle iletişiminin ortaya çıkışı ve gelişimi ile birlikte kitle iletişim araçları ile bu araçların izleyici kitlesi arasındaki ilişki çeşitli araştırmalara konu olmuş ve değişik yaklaşımlarla tanımlanmış. İzleyicilerin kullanım ve doyumlarına ilişkin araştırmalar yapan Jay G Blumler ve Elihu Katz yaptıkları çalışmada televizyon izleyicilerinin programların içeriğine yönelik başlıca üç temel beklentisi olduğunu saptamış:

1. İzleyiciler içinde yaşadığı toplumun ve dünyanın çeşitli yönleri hakkında bilgi ve haber almak ister.
2. İnsanlar televizyon aracılığı ile gündelik yaşamın sıkıntı ve gerginliklerinden uzaklaşmak ve hoşça vakit geçirmek ister.
3. Televizyon programlarının içeriği izleyicinin kendi yaşamında karşılaştığı olaylar ya da durumlarla bir benzerlik göstermesi, bunları öne çıkarması hâlinde bu programlar onlar için cazip olacaktır[11].

İzleyicilerin yukarıda sayılan temel beklentilerini karşılayacak program örnekleri vermek istersek: Haber programları, belgeseller gibi haber ve bilgi

11 **Mutlu**, 1995, ss. 39-40.

verici programlar izleyicinin birinci beklentisine örnek olarak verilebilir. Müzik, eğlence, yarışma, spor programları, televizyon dizileri gibi programlar ise izleyicinin ikinci beklentisin örnekleri olabilir. İzleyicilerin üçüncü temel beklentisine ise şu örnekleri verebiliriz: Bir sağlık sorunu olan izleyicinin ekranlarda bununla ilgili bir programı görmesi onun bu programı izleme nedeni olacaktır. Ya da eşinin annesiyle ile iletişim sıkıntısı yaşayan izleyicinin bir televizyon dizisinde benzer olayları, durumları görmesi bu dizinin onun beklentisini karşılamasına neden olabilir.

Televizyon izleyicisinin yukarıda sayılan üç temel beklentisi aslında televizyon izlemenin rastgele bir eylem olmayıp izleyicinin doyum beklentilerini karşılamasıyla ilişkili olduğunu göstermektedir. Roger L. Walters izleyicilerin belli doyum beklentileri için televizyon izledikleri varsayımından hareketle çok sayıdaki araştırmanın sonuçlarını çözümleyerek on bir doyum beklentisinden oluşan bir liste geliştirilmiştir: gerilim, aksiyon, güldürü, enformasyon, önem, değer, cinsellik, kişisellik, merak, gerçekçilik, yenilik[12].

Bu doyum beklentilerinden gerilim, ne olacağına ve olayların insanları nasıl etkileyeceğine ilişkin olarak belirsizlik ve beklenti duygusudur. Aksiyondan anlaşılacak şey ekrandaki bir hareket ve etkinlik duygusudur. İzleyiciyi programa çekmenin yollarından biri de güldürü unsurlarına yer vermektir. Enformasyon izleyicilerin bilgi edinme ihtiyacını karşılar. İzleyicinin bir programın içeriğini önemli bulması onun bir doyuma ulaşmasını sağlar. Değer ögesi, program içeriğinin düşünsel, duygusal açıdan bir değere sahip olmasıdır. Örneğin, vatanseverlik, din, korunmaya muhtaç hayvanlar, çocuklar, yaşlılar vb. konular izleyiciler için değer ögesi taşır. Cinsellik ögesi, ekranlarda görülen kişilerin fiziksel bakımdan çekici olmasına gösterilen özeni gösterir. Bu yalnızca kişilerin dış görünüşüyle sınırlı değildir. Kişilerin samimi, sıcak bir sesi de bir cazibe ögesi taşır. Ekranlarda cinselliğin aşırı kullanımı yasa ve yönetmeliklerle engellenir. İzleyiciler bir programın içeriği ile kendisi arasında bir benzerlik, yakınlık, özdeşlik kurmaları hâlinde bu durum izleyicinin kişisellik beklentisini karşılamış olur. Merak ögesi izleyicinin temel gereksinimlerinden birisidir. İnsanlar başka insanların neler yaşadıklarını, onların sorunlarını, olayların nasıl gelişeceğini vb. merak ederler. Televizyon izleyicileri televizyon ekranlarında sunulanların gerçek olduğu duygusunu yaşamak isterler. Bu gerçeğin

12 **A.g.e**, ss. 40-46.

ekrana aynen yansıtılması şeklinde değil ama bunun gerçek olduğu duygusunu yaratmasıyla gerçekçilik beklentisi karşılanabilir. Televizyon programlarının içerik ve programın yapım biçimleri bakımından özgün olması ve yenilik ögeleri içermesi izleyiciye çekici gelecektir.

Bir televizyon programında yukarıda sayılan izleyici beklentilerinden birinin bulunması bile o programın, hiç değilse bazı izleyici kümeleri için cazip olması anlamına gelmektedir.

Temel Televizyon Sistemi

Zettl temel televizyon sistemini şöyle tanımlar:[13] Bir sistem, belirli bir amaca ulaşmak için birlikte çalışan bir ögeler topluluğudur. Sistemin bireysel ögelerinden hiçbiri işi tek başına yapamaz. Temel televizyon sistemi, bir televizyon programının yapımında kullanılan araç gereçler (teknik malzeme) ve bu araç gereçleri kullanan insanlardan oluşur. Yapımlar basit veya çok ayrıntılı ve çok karmaşık olsun, aynı temel sistemle çalışır. En basit şekliyle teknik açıdan sistem, üç ana ögeden oluşur: Televizyon kamerası, mikrofon ve televizyon alıcısı. Televizyon kamerası karşısında gördüğü varlıkları, diğer bir deyişle görüntüleri elektriksel sinyallere (video sinyalleri) dönüştürür. Mikrofon da kendisine ulaşan sesleri elektriksel sinyallere (ses sinyalleri) dönüştürür. Bu video ve ses sinyalleri televizyon alıcılarına geldiğinde televizyon alıcıları aracılığı ile yeniden görülebilir gerçek görüntülere ve duyulabilir gerçek seslere dönüştürülerek gözümüze ve kulağımıza ulaşır.

Hiç kuşku yok ki nesnelerden yansıyarak kameraya gelen ışığın kamera tarafından elektriksel sinyallere çevrilmesinden ve de ses dalgalarının mikrofon tarafından toplanarak elektriksel sinyallere çevrilmesinden sonra bunların bir program niteliği ile evlerimize kadar gelmesi için çok sayıda teknik ve yaratıcı süreçlerden geçilecektir. Televizyon kuruluşlarında gerçekleştirilen televizyon programları elektriksel sinyaller hâlinde vericiler aracılığı ile bir taşıyıcı dalga ile havaya yayılır ve evlerimizdeki antenlere ulaşır. Kamera ve mikrofon aracılığı ile üretilen elektriksel sinyaller ayrıca kablo, uydu, internet gibi kanallar aracılığı ile de alıcılara iletilmektedir. Kısaca, televizyonun yayın sisteminin bu şekilde olduğu söylenebilir.

---

13 Herbert Zettl, **Television Production Handbook** , Wadsworth Publishing Company, Belmont, California, 1984, ss. 2-3.

Televizyon Programlarını Oluşturan Temel Yapım Ögeleri

Televizyon programlarının oluşumunda insangücü ve teknik malzeme iki temel ögeyi oluşturur.

Televizyon programları 1. İnsangücü, 2. Kullanılacak teknolojik araç gereçler ve 3. Organizasyon ögelerinin bir araya gelmesinden ve değişik yapım aşamalarından geçilmesinden sonra gerçekleşir.

Televizyon, insangücü ve araç gereçlerin birbirleriyle etkileşim içinde olduğu ve bu temel yapım unsurlarının planlama ve organizasyon çalışmalarıyla bir araya getirildiği yaratıcı bir süreci içeren bir sistemdir.

1. İnsangücü

Televizyon program yapımı uzmanlaşma ve iş bölümü ile nitelenen bir süreçtir. Televizyon programları yapımında çok sayıda insanın görev ve uzmanlığına gereksinim duyulur. Bu insanların bazıları doğrudan program üretiminde görev alan ve yapım ekibi olarak adlandırılan yapımcı, yönetmen, kameraman, kurgucu, makyajcı gibi kişilerden oluşurken bazıları ise programa katılan konuklardır. Örneğin bir konuda görüşlerine ihtiyaç duyulan uzmanlar ya da röportajlara katılan kişiler gibi insanlardır bunlar. Bir yapımın ortaya çıkmasında temel bir işlev üstlenen ve yapım ekibi olarak adlandırılan kişiler konusuna ileride yer verilecektir.

Bir televizyon yapımı çeşitli nitelikteki ve sayıdaki kişilerin ortak çalışmaları sonucunda ortaya çıkan bir ekip işidir. Günümüzde elektronik teknolojinin neredeyse insan işlev ve becerileriyle yarışacak kadar ilerlediği, özellikle televizyon yapımlarında teknolojik araç gereçlerin vazgeçilmez bir üstünlüğü olduğu bilinen bir gerçektir. Ancak Zettl, en gelişmiş teknolojik yapım araçları bile "kişilerin" yerine ahlaki ve estetik yargılarda bulunamayacağını, olayın hangi parçasının seçileceğini, iletişimin en doğru biçimde nasıl kurulacağını söyleyemeyeceğine dikkat çeker(14). Dolayısıyla

14 **A.g.e.**, s. 17.

televizyonda program yapımının yalnızca bir araç gereç değil "insangücü" sorunu olduğu hemen anlaşılır.

Bir yapımın kendine özgü yapısı o yapımda kimlerin görev alacağını da belirler. Örneğin bir haber programında görev alanlar (muhabir, kameraman, röportaja katılan kişi vb.) birkaç kişiden oluşurken dramatik bir yapımda örneğin bir televizyon dizisinde çok sayıda ve değişik alanlarda çalışacak kişilere gereksinim duyulacaktır. Televizyon programları yapımında çok sayıda ve çok değişik alanlarda uzman kişiler çalışır. Ancak kitapta yapım ekibi başlığı altında genel olarak program yapım ekibinde yer alan temel çalışanlar ve bunların yapım içindeki görev ve işlevleri tanımlanmıştır.

2. Kullanılacak Teknolojik Araç Gereçler

Teknolojik malzemeler yapımcıların düşünce ve duygu dünyasını yeniden düzenlemesinde vazgeçilmez olanaklar sunar.

Bir televizyon programı yapımında çok sayıda ve türde teknolojik araç-gereç kullanılır. Her bir programın kendine özgü yapısı kullanılacak araç gereci de belirler. Örneğin bir haber programı için yalnızca bir kamera yeterli olabilirken stüdyoda gerçekleştirilecek bir drama için çok sayıda kameraya, ışık kaynağına, mikrofona vb. gereksinim duyulabilecektir. Televizyon programları yapımında kameralar ve ek donanımları, görüntü kayıt araçları, kurgu sistemleri, resim seçme masası, elektronik grafik ve alt yazı cihazı, çeşitli monitörler, mikrofonlar, ses sistemleri, aydınlatma araç ve sistemleri gibi çok çeşitli teknolojik malzeme kullanılır.

Teknolojik araç gereçler sinema, televizyon ve video yapımlarının üretim sürecinde önemli bir yere sahiptir. Teknik olanaklar sinema ve televizyonda düşüncenin bir yüzey üzerinde somutlaşmasına aracılık eder. Sinema ve televizyon yapımları yaratıcı bir uygulamayı gerektirir ve yaratıcı uygulama, yapımcının düşüncesinden başlayıp teknik ve anlatım diline ilişkin süreçleri içerir. Sinema televizyon yapımcısının düşüncesi malzeme ve teknik olanakların boyutlarıyla hayat bulur. Görüntüsel anlatıma aracılık eden teknolojik araç gereçler yalnızca teknolojik malzemeler değil anlatım üzerinde, mesaj üzerinde etkili olan malzemelerdir. Teknolojik malzemeler yapımcıların düşünce ve duygu dünyasını yeniden düzenlemesinde vazgeçilmez olanaklar sunar[15].

Teknolojik malzeme öncelikle sinema televizyon yapımlarının fiziki olarak ortaya çıkmasında temel bir rol oynar. Örneğin bir televizyon kamerası elektronik donanımıyla görüntüyü oluştururken bellek kart (SD kart) ya da hard disk kamera tarafından oluşturulan görüntünün saklanmasını, video göstericiler bellek kartı üzerine saptanan görüntünün izlenebilmesini sağlar. Ancak teknolojinin sinema ve televizyondaki rolü, yapımları fiziki olarak ortaya çıkarma işleviyle sınırlandırılamaz. Bunun yanı sıra teknolojik araç gereçler bir taraftan program üretimde sağladıkları kolaylıklar nedeniyle sorunlara çeşitli çözümler getirirken diğer taraftan da program yapımcılarına yaratıcılıkları, düşünce yöntemleri konusunda büyük olanaklar sağlar. Ayrıca bu araç gereçlerin, yapımların estetik yapısını güçlendirerek ve anlatım dili üzerinde etkili olarak sinema ve televizyon yapımlarında önemli bir rolü vardır. Teknolojik malzemelerin ve bunların sağladığı olanakların sinema televizyon yapımlarının üretim biçimlerini doğrudan etkilediğini söyleyebiliriz. Diğer bir deyişle, teknolojik araç gereçler içeriğin aktarma teknikleri ve biçimleri üzerinde etkili olmaktadır.

Sinema ve televizyonda yalnızca "ne" anlatılacağı değil "nasıl" anlatılacağı da önemli bir konudur. Bir görüntünün "neyi" gösterdiği kadar "nasıl" gösterdiği hem biçim hem de içerik açısından önem taşır. Televizyonun etkisi, diğer bir deyişle görüntünün etkisi temel olarak "gösteriş" biçiminden kaynaklanmaktadır. Bir yönetmen ne çekeceğinin kararını verdikten sonra bunu nasıl çekeceği ve çektiklerini nasıl sunacağı konuları üzerinde yoğunlaşır. Bu da bir yandan yapımların biçimini oluştururken diğer yandan bu biçimle bağlantılı olarak içeriği de etkiler, oluşturur. Sinema televizyon yapımlarının üretim sürecinde devreye giren kameralar, kamera sehpaları, objektifler, filtreler, ışık sistemleri, ses malzemeleri, kurgu cihazları, özel efekt cihazları gibi çok sayıda ve türde teknolojik araç yapımın biçimlenişinde önemli rol oynar. Teknolojik araçlarla yapılan müdahaleler kameranın önündeki konuyu çıplak gözle görüldüğünden farklı bir hâle getirmektedir. Örneğin, özel bir aydınlatma biçimiyle ya da kamera açısıyla bir nesneyi, kişiyi önemsizleştirmek, dikkati ondan uzaklaştırmak veya tam tersi önem kazandırmak, ona dikkati çekmek mümkündür. Benzer şekilde aydınlatmadan,

15 A. Şükrü Künüçen . **"Sinema ve Televizyonda Teknolojinin Önemi"**, Selçuk İletişim Dergisi, Cilt 5, Sayı 1, Temmuz 2007, ss. 225-234.

objektiflerin optik özelliklerinden yararlanılarak nesneleri en alışılmadık, çarpıcı biçimlere sokmak, beklenmedik perspektifler oluşturmak, endişe, gerilim, korku, sıkıntı gibi duygular yaratmak mümkündür. Bu nedenle teknolojik araç gereçler "nasıl"ın oluşumunda önemli işlevlere sahiptir. Sinema, televizyon ve fotoğraf sanatında teknolojik araçlar aracılığı ile kameranın önündeki varlıklar, olgular değiştirilip onlara başka biçimler verilebildiği için teknolojik araçlar, sanatçıya görünen üzerinde kontrol sağlama, onları kendi istek ve amacına göre yeniden yaratabilme olanağını vermiştir.

Teknolojik araç gereçler sinema ve televizyon alanına çeşitli kolaylıklar sağlamış, işi çabuklaştırmış, yaratıcılığa olanak tanımış, yeni anlatım biçimleri getirmiş ve tüm bunlar hem estetik yapıyı kurmanın hem de içeriğin ifadesinin diğer bir deyişle, sinema televizyon anlatımının yolları olmuş. Teknolojik araç gereçler konusunda vurgulamamız gereken asıl sorun, teknolojik malzemenin fiziki varlığından çok, başarılı bir anlatıma aracı olmada ne derece etkili olduğudur. Çünkü, sinema-televizyon görüntüsü sadece görüneni vermiyor, bir düşünceyi, bir duyguyu görselleştiriyor. Sinema ve televizyonda teknik aracılığıyla ayarlanabilen ve seçilen yöntemlerle yaratılan görselleştirme ve görüntüleme biçimleriyle yönetmenler söyleyeceklerini daha etkileyici, daha derinlemesine aktarabiliyor ve izleyicide ilgi uyandırabiliyor.

Televizyon, günümüzde ulaştığı noktayı kuşkusuz gelişmiş teknolojik araç gereçlere borçludur. İnsan yeteneklerinin önüne yepyeni ufuklar açan teknolojik araç gereçler geçmişte olduğu gibi gelecekte de televizyon dünyasında önemli roller oynayacaktır.

3. Organizasyon

Organizasyon, yapımcının işlerini kolaylaştırır, yapılacak işin kalitesini arttırır.

Televizyonda program yapımı, program düşüncesinden programın yayınına kadar oldukça karmaşık bir süreci gerektirir. Bu süreçte çok sayıda insan, çok sayıda ve türde teknik malzeme, çeşitli çekim mekânları (stüdyo, dış çekim), programda kullanılacak çeşitli malzemeler, gerektiğinde alınacak çekim izinleri vb. ögelerin belirli bir düzen ve zaman içinde bir araya getirilerek "organize" edilmesi gerekir. Organizasyon sözcüğünün temel anlamı "organize etme"dir. Yapım süreci içinde organizasyonun temel amacı; işlevsel bir sistem oluşturmak, karmaşayı engellemek, zamanı yönetmek ve işlerin belirli bir düzen ve eşgüdüm içinde yapılmasını sağlamaktır. Böylelikle organizasyon, yapımcının işlerini kolaylaştırır, yapılacak işin kalitesini arttırır. Yapılacak işler belirlenir, işin ayrıntıları ve önemli ögeleri göz önüne alınarak olası sorunlar doğmadan önlenir.

Organizasyon için kısaca, program üretiminde yapılacaklar listesinin hazırlanmasıdır, diyebiliriz. Bu aynı zamanda hassas bir planlamayı da içerir. Yapılacak işlerde bir sıra ile hareket etmek başarılı bir organizasyonun gereklerinden biridir. Program üretiminde her bir ögeyi organize etmek ve koordine etmek ve bunların tümünü bir zaman çizelgesine göre senkronize etmek bir yapımcı için hiç de kolay işler değildir.

II. BÖLÜM

SİSTEM YAKLAŞIMI İLE TELEVİZYONDA PROGRAM YAPIM SÜRECİ

a. Sistem Yaklaşımı ve Temel Televizyon İletişim Sistemi

Her televizyon programı kendine özgü niteliklere sahiptir ve bu niteliklerin gerektirdiği bazı işlerin yapılmasını zorunlu kılar. Ancak ne türden olursa olsun televizyon programları düşünceden ekrana kadar oldukça karmaşık bir yapım sürecinden geçildikten sonra gerçekleşir. Bu iş aslında yapımın en temel noktalarını kapsayan bir sistem tasarımıdır ve televizyonda program yapım süreci sistem yaklaşımını gerektirir.

Sistem, birbiriyle ilişkili parçalardan oluşan ancak bu parçaların toplamından fazlasını ifade eden bir bütündür. Sistem yaklaşımı ise tüm alanlardaki sistemleri bütünsel olarak inceleyebileceğimiz disiplinler arası bir anlayış sunar. Bu yaklaşıma göre sistemler alt sistemlerden oluşur. Bu alt sistemler birbirlerini ve tüm sistemi etkiler[(16)]. Sistem sözcüğü belirli bir sonuç elde etmek için bir düzeni ve bu düzene bağlı takip edilecek yolu, yöntemleri, düzenli işleyişi, planlı, programlı ilerleyişi ifade eder.

Televizyonda program yapım sürecine sistem yaklaşımı ile bakarsak temel televizyon iletişim sisteminde yapım süreci program düşüncesinden program yapımına doğru ilerler. Buradan program geniş bir izleyici kitlesine yayılır. Televizyonda program yapımı birbiriyle bir biriyle bağlantılı birçok aşamayı içerir. Yapımı bir sistem olarak düşündüğümüzde onun işlevi daha iyi bir biçimde anlaşılır. Yapım sisteminde, bütün sistemlerde olduğu gibi pek çok farklı ögeler ve süreçler istenen ürünü elde etmek için birlikte ve etkileşim içinde çalışır. Yapım sistemi içinde çeşitli aşamalar ve elemanların uyumlu bir şekilde bir araya gelmesiyle de istenilen yapım oluşur. Zettl, televizyon yapım sistemini programcıyı çabuk, güvenilir ve doğru bir şekilde programcının ihtiyaç duyduğu ana yapım elemanlarını bir araya getirmesi için yönlendirdiğini söyler. Sistem, hangi tür insanlara ihtiyaç duyulduğu, bu

---

16 https://dergipark.org.tr/tr/pub/rteusbe/issue/34053/370196

insanların görevlerinin ne olacağı, hangi araç gerecin gerekli olduğu, programın ne zaman yayınlanması gerektiği, programın izleyicinin hangi özel ihtiyacını karşılayacağı ya da izleyicinin belli bir tepki vermeye nasıl ikna edileceği gibi konularda program yapımcısına yardımcı olur(17).

Combes ve Tiffin televizyonda program yapımına sistematik yaklaşmanın çok önemli olduğunu vurgular(18). Onlara göre, program yapımında "Programın amacı nedir?", "Kimin için yapılıyor?", "Nasıl kullanılacak?" gibi sorulardan yola çıkıyorsak bir sistem yaklaşımını uygulamış oluruz. Program yapımında sistem yaklaşımı demek, programa ilişkin çeşitli sorular sormak ve bu sorulara yanıtlar bularak yapım sürecine başlamak demektir. Bu sorulara açık yanıtlar bulduğumuzda programla ilgili amaçlarınızı gerçekleştirebilir, başarı sağlayabilirsiniz.

Anlaşılacağı gibi, program yapımında sistem yaklaşımı; programa ilişkin "Ne?", "Neden?", "Nasıl?", "Kim?", "Nerede?", "Ne zaman?" gibi soruların sorulması ve bu soruların yanıtlanması ilkesine dayanan bir yaklaşımdır. Bu kitapta sistem yaklaşımına göre televizyonda program yapım süreci benzeri sorulardan yola çıkılarak ele alınmış ve her bir yapım aşamasında yapılan çalışmalara yer verilmiştir.

b. Program Yapım Süreci

Televizyonun ışıltılı dünyasının ardında disiplinli ve oldukça yorucu bir çalışma yatar.

Televizyon programları üretiminde herhangi bir çalışmada olduğu gibi belirli bir çalışma düzeni vardır. Her televizyon yapımı bir düşünceyle başlar. Dolayısıyla televizyon programlarının yapım süreci de bir "düşünce" ile başlar ve düşünce aşamasından programın yayını ve yayın sonrası yapılan çalışmalara kadar çeşitli aşamalarda belirli işlerin bir düzen içinde yapılmasını gerektirir.

---

17 Zettl, 1984, ss. 469-470.

18 Combes, Peter and John Tiffin, **Television Production for Education: A Systems Approach**, Focal Press, London, 1978. s. 11.

Bir televizyon programı ya da video yapımı yapmak oldukça zordur, ancak günümüzde ucuz teknolojinin ve internet yayıncılığının ortaya çıkması izlemeyi her zamankinden daha kolay hâle getirdi. Ama her şeyden önce program üretiminin sıkı bir çalışma gerektirdiği unutulmamalıdır. Televizyon programları %1 esin, %99 terlemenin ürünüdür.

Televizyon programları yapımı genel olarak yapım süreci açısından büyük farklılıklar içermez. Tüm televizyon yapımlarında genel olarak uygulanan yöntemler veya yaklaşımlar vardır. Ancak bazı yapımlar kendine özgü yapım gereksinimleri nedeniyle genel uygulamalardan oldukça farklı bir yaklaşım ve izlenecek farklı yollar, yöntemler gerektirebilir. Televizyon programcılığı bakımından kırk dakikalık bir yapım da yirmi saniyelik bir yapım da bir programdır ve aynı yapım aşamalarından geçilmesini gerektirir. Ancak yapımlar karmaşıklaştıkça yapılan çalışmalar da karmaşıklaşır. Örneğin, stüdyoda gerçekleştirilecek bir haber programı ile bir dramatik belgesel için yapılacak çalışmaların niteliği farklılıklar gösterecektir. Basit ya da karmaşık televizyon programları yapım biçimleri arasında büyük çoğunlukla düzenleme farklılıkları vardır. Örneğin, çok sayıda kamera ile dünya televizyonlarında canlı yayınlanmak üzere gerçekleştirilecek bir program, tek kamera ile çekimleri yapılan bir haber programından çok daha karmaşık bir yapı özelliği gösterecektir.

Çeşitli kaynaklarda düşünceyle başlayıp yapımın tamamlanmasına kadar devam eden program yapım sürecini kategorik olarak gösteren değişik sınıflandırmalara rastlamak mümkündür. Televizyon programları yapım sürecinin sınıflandırılmasında farklı yaklaşımlar görülmekle birlikte her bir yapım aşamasında yapılan çalışmaların biçimi ve niteliği ise değişmemektedir. Televizyon programlarında yapım süreci, yapılan tüm sınıflandırmaları da kapsayacak şekilde genel olarak üç ana başlık hâlinde sınıflandırılabilir:

1. Yapım öncesi,
2. Yapım ve
3. Yapım sonrası.

Program yapımında yukarıda sayılan her bir aşama farklı etkinlikler içermesine karşın bu aşamalarda yapılan çalışmalar birbirinden bağımsız değildir, birbiriyle ilişki içindedir. Hemen belirtmeliyiz ki, program yapım sürecinin bu üç aşamasında yapılan değişik çalışmalar programın niteliğine göre değişik derecelerde ağırlığa ve öneme sahip olabilir. Örneğin, bir programda yapım sonrası aşamadaki işlemler ayrıntılı bir çalışmayı ve uzun bir zamanı gerektirebilirken bir başka programda ise yapım öncesi yapılan planlama ve hazırlık çalışmaları daha fazla bir ağırlık taşıyabilir, daha fazla zamana gereksinim gösterebilir. Yani, televizyon programları yapım sürecinde her bir aşama değişik yapımlarda daha değişik derecelerde önem kazanabilir. Televizyonda program yapım sürecinin her bir aşamasında yapılan farklı çalışmalar yapımın türüne, biçimine, süresine vb. unsurlara göre farklı derecelerde önem taşıyacak fakat, bir yapım yukarıda sayılan bu üç aşamanın tamamlanmasından sonra ortaya çıkacaktır. Başka bir deyişle, televizyonda program yapım süreci her türlü program için aynıdır.

1. Televizyon Programlarında Yapım Öncesi Aşama: Planlama ve Hazırlıklar

Bir yapımın başarısını belirleyen en önemli etmen yapım öncesi planlama ve hazırlık çalışmalarına gösterilen özendir.

Televizyon programlarında yapım öncesi aşama için programın yapımına başlamadan önce programın biçimlendirilmesidir denilebilir. Bir televizyon programının yapım öncesi aşaması, programın gerçekleştirilebilmesi için gerekli olan ön çalışmaları yani planlama ve hazırlık çalışmalarını içerir. Planlama ve hazırlık çalışmalarının özünde ise senaryo yazım süreci ve organizasyon vardır(19).

Yapım öncesi planlama ve hazırlık çalışmaları başarılı bir yapım için temel bir işleve sahiptir ve gerçek yapım tarihinden günler, haftalar hatta aylar önce başlar. Bir televizyon yapımının karmaşık bir süreci içermesi nedeniyle titiz bir yapım öncesi planlamaya ve ön hazırlıklara gerek duyulur. Planlama ve hazırlık çalışmaları ne kadar titizlikle yapılırsa işler o kadar çabuk, etkili ve güvenilir biçimde yürür. Planlama ve hazırlık aşaması yapım sürecinde bir iletişim ve koordinasyon aşamasıdır. Bu anlamda bir

19 H. Hale Künüçen, **"Televizyon Eğitim Programlarında Senaryonun Önemi ve İşlevi"**, 1. Uluslararası Uzaktan Eğitim Sempozyumu, M.E.B. Film Radyo Televizyonla Eğitim Başkanlığı, Ankara, 12-15 Kasım 1996, ss. 394-395.

yapımın baştan sona, inceden inceye planlanmış bir organizasyon olduğu söylenebilir.

Bir televizyon programının yapım öncesi çalışmaları, programın gerçekleştirilmesinde ihtiyaç duyulan şeylere (programın amacı nedir, kimin için hazırlanacak, süresi ne olacak, hangi türde hazırlanacak, programda kimler görev alacak, hangi araç gereçler kullanılacak, çekimler nerede gerçekleştirilecek, ne kadar paraya ihtiyaç duyulacak, çekimlere ne zaman başlanacak vb. gibi) ilişkin olarak çeşitli sorular sorma, bu soruların cevaplarını bulma ve bunların örgütlenmesi çalışmalarını içerir. Bu aşama bir anlamda tüm yapım sürecinin düzenlenmesi olarak tanımlanabilir. Diğer bir deyişle yapım öncesi, bir programın yapımından önce kâğıt üzerinde bitirilmesi demektir. Ancak bu aşamanın tamamlanmasından sonra bir yapımın çekimlerine başlanılabilir.

Yapım öncesi aşamada yapılan planlama ve hazırlık çalışmaları bir yapımın en önemli ve en yorucu kısmıdır. Bu aşamada program yapımcısının çok çeşitli ve sayıda ayrıntıyla ilgilenmesi gerekir. Bir televizyon yapımının karmaşık bir yapım sürecinden geçilmesinden sonra gerçekleşmesi nedeniyle ciddi bir yapım öncesi planlama ve hazırlık çalışmalarına gerek duyulur. Bir yapımın gerçekleştirilmesi ne kadar zor ve karmaşıksa o yapım için yapım öncesi aşaması da o kadar ayrıntılı, titiz ve uzun zaman alan bir çalışmayı gerektirir. Bu bakımdan, planlama ve hazırlık aşamasına özellikle özen gösterilmelidir. Program yapımcıları bir program için yapım öncesi çalışmaların değerini ve önemini bilir ve de bilmek zorundadır. Fakat bazı yapımcılar, yapım öncesi aşamanın öneminin ya farkında değildir ya da onu hafife alır.

Bir yapımın başarısını belirleyen en önemli etmen, yapım öncesi planlama ve hazırlık çalışmalarına gösterilen özendir diyebiliriz. Vurgulamalıyız ki yapım öncesi aşamada yapılan çalışmaların başarısı yapımın diğer aşamalarının başarısını da etkiler.

Yapım öncesi planlama ve hazırlık çalışmalarında yapıma ilişkin her türlü sorun dikkatlice değerlendirilir ve yapım planlanır. Dikkatlice planlanmış ve gereken hazırlıkların yapılmış olduğu yapımlarda bile çeşitli sorunlar çıkabilir. Eğer bir yapımda planlama ve hazırlık çalışmaları dikkatlice ve ayrıntılı olarak yapılmamışsa beklenmedik sorunlarla karşılaşılması her zaman mümkündür. Yapım sırasında karşılaşılacak bir sorun ise ekibi olumsuz yönde etkileyecek, yapım süresini uzatacak, çalışmaları zorlaştıracak, maliyetleri yükseltecektir.

Her yapım kendine özgü bir nitelik gösterir ve bu nedenle de yalnızca o yapıma özgü yapım ihtiyaçları vardır. Dolayısı ile bir televizyon yapımına başlanırken o yapımın kendine özgü nitelikleri de göz önünde bulundurularak tüm yapım sürecinin yapım öncesi aşamada ayrıntılı bir biçimde gözden geçirilmesi gerekmektedir.

Yapım öncesi planlama ve hazırlık çalışmalarında değişik aşamalardan geçilir ve bu aşamalarda çeşitli bölümler hâlinde çeşitli çalışmalar gerçekleştirilir. Bu aşamada yapılan çalışmalar çeşitli şekillerde bölümlere ayrılmış olsa da ya da çeşitli şekillerde sıralansa da televizyon kuruluşlarının farklı yapısı, yapımların niteliği, değişik kişisel yaklaşımlar gibi nedenlerle programdan programa çeşitli bölümlerin işinin birbirine içine girdiği ya da yapılacak işlerin öncelik sırasının değiştiği görülebilmektedir. Ancak hemen belirtmeliyiz ki karşılaşılan bu farklılıklar yapımların başarısında bir olumsuzluk yaratmaz ve sonuçta başlangıç düşüncesinden programın yapım (çekim) aşamasına kadar tüm yapımlarda temel olarak aynı çalışmalar yapılır. Yeter ki bu aşamada yapılması gerekli olan tüm çalışmalar gerektiği biçimde yapılsın... Bir yapımın kaderinde çok önemli bir rol oynayan yapım öncesi aşamada yapılan çalışmalar aşağıda gösterildiği gibi sıralanabilir.

Program Düşüncesi

Düşünce her şeyin başıdır.

Televizyonda program yapımında düşünce her şeyin başıdır. Televizyon programlarının senaryosu bir düşünceden geliştirilmektedir. Bir düşüncenin geliştirilmesi sonucunda programın çekimine temel olacak senaryo ortaya çıkar. Değerli tüm televizyon yapımları değerli bir düşünceden doğar. Bu nedenle değerli düşünceler bir yapım için çok önemlidir.

Ortaya atılan düşüncenin daha önce gerçekleştirilen programlardan değişiklik göstermesi, benzeri programlara göre ilginç ve değişik yanlarının bulunması programın başarıya ulaşmasında önemli olacaktır.

Düşünce üretmek program yapımcısının temel görevlerinden biridir. Düşünceler eğer program yapımcısının dikkatini çekecek değerdeyse televizyon programlarına konu olurlar. Program düşüncesinin her şeyden önce izleyici için bir çekiciliği, bir yararı olmalıdır. Bir program yapımcısının temel görevi olan iyi bir düşüncenin bulunması işi ise sanıldığı kadar kolay değildir. İnsana ve yaşama dair gerçek ya da gerçek dışı her şey bir televizyon programının konusu olabilir. Bu nedenle, hangi düşüncelerin televizyon programına konu olacağının kararında programın yapımcısının eğitimi, yeteneği, genel kültürü, yaratıcılığı, mesleki deneyimi vb. kişisel özellikleri önemli rol oynar. Bir program yapımcısı, program düşüncesinin oluşturulması konusunda öncelikle yaratıcılığını kullanmalıdır. Hemen vurgulamak gerekir ki düşünce üretim sürecinde program yapımcısının aklına gelen tüm düşüncelerin sonradan değerlendirilerek en uygun olanını bulmak üzere not edilmesinde büyük yarar vardır. Bir yapımcı bir düşünceyi önce çok ilginç, çok önemli bir düşünce olarak görebilir. Fakat düşüncenin değerlendirilmesi sonunda bunun hiç de ilgi çekmeyecek, önemsiz bir düşünce olduğu anlaşılabilir. İşe yaramayacak bir program için boşa zaman harcamamak ve daha düşünce aşamasında bunun kararını vermek gerekir.

Program Düşüncesinin Değerlendirilmesi ve Ön Araştırma

Bir program yapımcısının en temel çabası, ortaya koyduğu ilk düşünceyi etkili ve başarılı bir televizyon programına dönüştürmektir. Burada İlk düşüncenin program düşüncesine dönüştürülebilmesi için öncelikle bir ön araştırma gereklidir. Bu nedenle programa temel olacak düşünce bulunduktan sonra yapılacak ilk iş, bir ön araştırma ile düşüncenin gerçekleşebilirlik olasılığını değerlendirmek, program düşüncesi hakkında genel bir bilgi edinmek ve bu düşüncenin bir televizyon programı olarak bir değer taşıyıp taşımadığını sorgulayarak değerlendirmektir. Bu nedenle araştırma, program düşüncesi bulunduktan sonra programın gerçekleştirilmesi yolunda atılacak ilk ve temel adımdır. Akla gelen düşünce ilk bakışta parlak, iyi bir düşünce olarak görülebilir, fakat bu düşünceyi uygulamak yani bir televizyon programı hâline getirmek zor hatta imkânsız olabilir. Ancak bu düşünce beyin fırtınası dediğimiz bir değerlendirme sonunda üzerinde çalışılabilir düşünce hâline gelebilir.

Zettl, bir düşüncenin televizyon programı yapımı açısından değerinin ve öneminin araştırılması konusunda sorulacak bazı soruların bize yol gösterici olacağını söyler[20]. Kuşkusuz bu sorular çoğaltılabilir.

---

20 Herbert Zettl, **Television Production Handbook, Wadsworth Publishing Company**, Belmont, California, 1984, s. 483.

- Program düşüncesi gerçekten halkın ilgisini çekebilecek mi?
- Düşünce ilginç, heyecan verici bir düşünce mi? Öyle ise neden? Değilse neden?
- Bu düşüncede gerçekleşmesi mümkün olabilecek şeyler nelerdir?
- Düşünce daha ileri bir araştırmayı gerektiriyor mu?
- Eğer düşünce geliştirilerek bir televizyon programı hâline getirilecekse izleyici bu programdan ne elde edecek, ne gibi yarar sağlayacak?
- Bu düşünceyi neden bir televizyon programı hâline getirmek istiyorsunuz? Amaçlarınız nelerdir?
- Eğer bu düşünceyi bir televizyon programı için geliştirecekseniz ne tür yapım sorunlarıyla karşılaşabilirsiniz?

Gerçekleştirilmesi düşünülen programa ilişkin olarak temel bilgileri içeren ön araştırma ile elde edilen veriler programın genel çerçevesinin çizilmesini, programın iskeletinin ortaya çıkmasını ve yapımcının kafasındaki soruların yanıtlarının bulunmasını sağlar. Program yapımcısının kafasındaki çeşitli sorulara doyurucu yanıtlar bulmasıyla ilk düşüncesi önemli ölçüde kafasında şekillenmiş ve bir program taslağı ortaya çıkmıştır. Bu araştırma aynı zamanda program önerisinin hazırlanmasına da katkıda bulunacaktır. Ön araştırmadan elde edilen bilgilerden yararlanılarak program önerisi hazırlanır. Program yapımcısının gerçekleştirmeyi tasarladığı program için ihtiyaç duyacağı programın amacı, hedef izleyicisi, süresi, türü gibi veriler program önerisinde yer alacak ögelerdendir ve düşünce artık program önerisi hâline getirilebilir durumdadır.

Program Önerisi

Ön araştırması yapılan program taslağının gerçekleşip gerçekleşemeyeceğinin açıklığa kavuşması için bu taslağın onaylanması gerekir. Bunun için de program ayrıntılı olarak "öneri" biçiminde ilgili yerlere, kişilere verilir. İşte, program yapımında programın yapılıp yapılamayacağının kesinlik kazandığı bu aşama, öneri aşaması olarak adlandırılır.

Program önerisi, gerçekleştirilmesi tasarlanan bir programla ilgili temel bilgileri içerir. Bu bilgiler programın yapımına evet diyecek olan kişi ya da kurumların değerlendirmesine sunulmak için toplanır. Ama aynı zamanda, yapımcı için ayrıntılı bir program önerisi, gerçekleştireceği programa ilişkin gereksinim duyacağı verilerin de düzenli ve sistemli bir biçimde kağıda dökülmesi anlamına gelir ki bu da yapımcıya yapım sürecinin sonraki aşamalarında yol gösterici bir işlev üstlenir[21].

Program önerisi için standart bir format olmamakla birlikte bir program önerisinde mutlaka bulunması gereken bazı temel bilgiler vardır: 1) Programın adı, 2) Programın tretmanı, 3) Hedef izleyici, 4) İdeal yayın zamanı, 5) Tahmini bütçe[22]. Bunlara ek olarak programın süresinin, türünün, sunum ve yapım biçiminin de program önerisinde yer alması gerekmektedir. Yapımcı program önerisinde yer alan bu ve benzeri bilgileri ve varsa programla ilgili bazı özel notları kapsamlı ve ayrıntılı bir biçimde bir dosya hâlinde ilgili yerlere ve kişilere sunar. Karar vericiler öneri dosyasına bakarak programın yapımına onay verirler ya da vermezler. Bu nedenle program önerisinin hazırlanması titiz bir çalışmayı gerektirir. Bir program önerisi kabul edildikten sonra artık yapım araştırmasına geçilir.

Program Düşüncesinin Geliştirilmesi: Yapım Araştırması ve Yapım Planlama

Ancak iyi araştırılmış ve planlanmış projelerle nitelikli ve başarılı yapımlar ortaya çıkabilir.

Program yapımcısının henüz olgunlaşmamış, ham düşüncesinin bir ön araştırma sonrasında tartışılarak değerlendirilmesi sonucunda düşünce eğer gerçekleştirilebilir, önemli, yararlı ve değerli bulunduysa bundan sonraki aşama, bu ilk düşüncenin program düşüncesi olarak bir televizyon programı hâline dönüştürmek için geliştirilmesidir.

İlk akla gelen düşüncenin bir program düşüncesi hâline dönüşebilmesi bir yapım araştırmasını ve planlama çalışmalarının yapılmasını zorunlu kılar. Çünkü program düşüncesinin geliştirim aşaması, yapılacak yapım araştırması ve yapım planlama çalışmaları ile birlikte programın hemen hemen

21 Erol Mutlu, **Televizyonda Program Yapımı**, Ankara Üniversitesi İletişim Fakültesi Yayınları, No: 4, Ankara Üniversitesi Basımevi, Akara, 1995, s. 56

22 **Zettl**, 1984, s. 493.

tümünü kapsayan bir ön çalışmadır. Yapım araştırması ve planlama çalışmaları program yapımının en önemli aşamalarından biridir ve sıkı, disiplinli ve uzun zaman alan bir çalışmayı gerektirir.

Yapım Araştırması

Program yapımı her şeyden önce ciddi ve ayrıntılı bir araştırmayı gerektirir.

Araştırma bir program yapımının en önemli aşamalarından biridir. Program düşüncesi ancak iyi bir araştırma sonucu geliştirilip başarılı bir televizyon programına dönüştürülebilir. Program yapımı her şeyden önce ciddi bir araştırmayı gerektirir ve ancak iyi bir araştırma sonunda başarılı bir program gerçekleştirilebilir. Program yapım sürecinin verimliliği ve etkinliği için araştırma ve değerlendirme çalışmalarına gereksinim duyulur ve bunun için çeşitli yöntemler kullanılır ve geliştirilir.

Karasar'a göre, araştırma "problemlere güvenilir çözümler aramak amacı ile, planlı ve sistemli olarak, verilerin toplanması, çözümlenmesi, yorumlanarak değerlendirilmesi ve rapor edilmesi sürecidir". Karasar, araştırmayı temelde, bir arama, öğrenme, bilinmeyeni bilinir yapma, mevcut durumdan özlenen duruma geçebilmek için gerekli kararları almada zorunlu olan verileri toplayıp değerlendirme olarak tanımlar.[23] Gerçekten de program yapımcısı; bilmediği, düşünmediği ve programını gerçekleştirmek için ihtiyaç duyduğu birçok ayrıntıyı araştırmak ve bu araştırmalardan elde ettiği verileri planlı ve sistemli bir biçimde toplayarak değerlendirmek durumundadır. Program yapımcısının yapacağı araştırma, program düşüncesinin geliştirilerek bir program hâline dönüştürülmesinde önemli bir aşamadır. Yapılacak araştırma esas olarak metin/senaryo yazımı için gerekli olan çalışmalardır.

Wurtzel, bir program yapımcısının program düşüncesiyle ilgili olarak gerçekleştirmeyi düşündüğü program için yapım kaynakları olanaklarının durumunu göz önüne almasını ve düşüncelerini ellerindeki uygun kaynaklarla

[23] Niyazi Karasar, **Bilimsel Araştırma Yöntemi -Kavramlar, İlkeler, Teknikler**, 6. basım, Ankara: 3A Araştırma Eğitim Danışmanlık Ltd.,1994, Ankara, s. 22.

karşılaştırması gerektiğini belirtir ve bunun her zaman "küçük düşünün" demek olmadığını, yalnızca gerçekçi olmak gerektiği anlamına geldiğini söyler. Bunun için kuralın, eldeki güçlerle çalışmaya çabalamak olduğunu vurgulayarak program yapımcılarının televizyon kuruluşunun kaynaklarını ve koşullarını dikkate alması gerektiğine değinir[24].

Program düşüncesinin geliştirilmesi için yapılacak araştırma yapımcı için birçok bilgiyi gerektirecektir. Program yapımcısı yapım araştırması ile yararlanabileceği çeşitli bilgi kaynaklarına ulaşmaya çalışır ve programda işlenecek konuya ait çeşitli materyaller toplar. Araştırma aşamasında yapımcının araştırmayı nasıl yapacağını, hangi yolları izleyeceğini ve hangi bilgi kaynaklarına ulaşacağını bilmesi gerekir. Bilgi kaynaklarından elde edilecek bilgiler, program yapımcısının programa daha geniş bir çerçeveden bakmasını sağlayacağı gibi programın içeriğinden oluşturuluş biçimine kadar çok çeşitli açılardan da yararlı olacaktır.

Bilgi Kaynakları

Program yapımcısının yararlandığı başlıca üç bilgi kaynağı vardır:

İnformel kaynaklar; programcıların bir konu hakkında daha önce edindiği kendi bilgileri, yaptığı okumalar, meslektaşlarıyla, arkadaşlarıyla, vb. yaptığı konuşmalar ve kendi gözlemlerinden oluşur.

Kurumsal kaynaklar; kurumların, hükûmetlerin, şirketlerin, derneklerin, okulların, sendikaların, vb. geliştirdikleri tüm bilgileri içerir. Bu kurumlar genellikle kendi faaliyetlerini kaydettikleri gibi kendi alanlarındaki bilgileri de toplayıp saklarlar.

Üçüncü bilgi kaynağı ise kütüphaneler ve veri tabanlarıdır[25]. Günümüzde internet ortamı da yararlanılan önemli bilgi kaynaklarındandır. Burada önemli olan internet ortamında yer alan bilgilerin güvenirliği ve doğruluğunun onaylanmasıdır.

İnsanlarla yapılan görüşmelerden bilgi toplama da program yapımcıları için önemli bir bilgi kaynağıdır. Programcı, konunun uzmanlarıyla, ilgili ve yetkili kişileriyle görüşerek pek çok işe yarar bilgi edinebilir. Ancak programcının görüşeceği kişilerden tam olarak yararlanabilmesi için görüşmeye

24 Alan Wurtzel. **Television Production**, (Second edition), McGraw-Hill Book Company, Singapore, 1985, s. 476.

25 Erol Mutlu, **Televizyonda Program Yapımı**, Ankara Üniversitesi İletişim Fakültesi Yayınları, No: 4, Ankara Üniversitesi Basımevi, Akara,1995, s. 48.

hazırlıklı olarak gitmesi, görüşmeden önce bir bilgi araştırması yapması, hem konuşulacak en iyi kişileri seçme bakımından hem de konuyla ilgili en önemli soruları sorabilme bakımından büyük yarar sağlar.

Yapım araştırmasından elde edilen tüm malzeme, öneri aşamasında onaylanan program taslağı dikkate alınarak ayıklanır, seçilir ve kâğıt üzerine geçirmeye yani metin yazmaya hazır hâle getirilir.

Yapım Planlama ve Yapım Planlamasında Yanıtlanması Gereken Temel Sorular

Planlama çalışmaları başarılı ve etkili bir yapımın anahtarıdır.

Program yapımının ham maddesi olan düşüncenin geliştirilerek bir program hâline getirilmesinin sıkı ve düzenli bir çalışmayı gerektirdiğini vurgulayan Mutlu, bu çalışmada temel unsurlardan birinin planlama olduğunu söyler[26]. Planlama, özünde gereksinimlere ilişkin sorular sorma ve bu soruları yanıtlama, daha sonra bu yanıtları sistemli biçimde örgütleyerek uygulamaya yönelik bir çizelge çıkarma işidir. Bu nedenle öncelikle gereksinimlerin saptanması, sonra bu gereksinimlerin karşılanma yollarının araştırılması ve belirlenmesi, daha sonra bunların uygun bir zamanlama yapılarak kağıda dökülmesi gerekmektedir.

Bir televizyon programı için yapıma ait çeşitli gereksinimlere ilişkin sorular çok çeşitlidir. Örneğin, programın amacı nedir, kimin için hazırlanacak, süresi ne olacak, hangi türde hazırlanacak, programda kimler görev alacak, yapım için hangi araç gereçlere ihtiyaç olacak, ne kadar paraya ihtiyaç duyulacak gibi. Bu soruların yanıtlama biçimi ve sırasında programdan programa bazı değişiklikler görülse de çoğu televizyon yapımında başlangıç düşüncesinden yapımın tamamlanmasına kadar genel olarak aynı yol izlenir. Bir program yapımcısının çekimlere başlamadan önce yapıma ilişkin sorular üzerinde ayrıntılı bir çalışma yapması gerekir. Unutulmamalıdır ki bu çalışmalar başarılı ve etkili bir yapımın anahtarıdır.

Program geliştirme sürecinde yapıma ait açık bir biçimde yanıtlanması gereken sorular aynı zamanda bir program yapımcısının programını gerçekleştirmesinde hangi bilgilere ihtiyacı olduğunu gösterir. Ancak hemen belirtmeliyiz ki bu soruları doğuran ve bu sorularla televizyon

26 **A.g.e.**, s. 46.

program yapımcısını yönlendirecek olan dört temel soru vardır. Bunlardan birincisi içeriğe ilişkindir: 1- Programda **"Ne"** söyleyeceğim, ne anlatacağım? 2- **"Neden?"** bu programı yapmak istiyorum? Üçüncü soru ise, izleyiciyle ilişkilidir: 3- programı **"kimler için"** yapacağım? Program yapımcısının kendisine soracağı bir diğer önemli bir soru da şudur: 4- Programı **"nasıl"** yapacağım? Bu da programın biçimiyle ilgilidir. Bu dört temel sorunun yani "neyi, kimin için, hangi amaçla ve nasıl gerçekleştireceğim" sorularının yanıtı biliniyorsa başarı için ön koşulun hazır olduğu söylenebilir.

Bir televizyon programının yapımına başlarken tüm yapım öncesi süreçte yapılacak işlerin adım adım listesini çıkarmak en iyi yoldur. Bu liste temel olarak yapım planlamasında yanıtlanması gereken temel sorulardan oluşacaktır. Aynı zamanda bu liste program yapımcısına program planlamasında izleyeceği adımları da gösterecektir.

• Ne? (Ana Düşünce) Programın Ana Düşüncesi Nedir?

Ana düşünce, programda anlatmak istediğimiz şeyin özüdür.

Televizyon programlarında programın ana düşüncesi her şeyin başıdır. İyi bir düşünce bir televizyon programının gerçekleştirilmesi için gerekli olan en önemli sermayedir. Bir program yapım süreci ana düşünce ile başlar. Bu nedenle, programın amacına ulaşabilmesi için diğer bir deyişle, programın hedef kitle üzerinde etkili olabilmesi için programın ana düşüncesinin iyi tanımlanması gerekir. Ana düşünce, programda anlatmak istediğimiz şeyin özüdür. Örneğin, "Televizyon programları yapımı sistemli ve disiplinli bir çalışmayı gerektirir." ya da "Amatör yapımlarda kullanılan araç gerecin teknik kalitesinden çok neyin, nasıl anlatıldığı önemlidir." gibi.

Foss ana düşüncenin, program yapısının anahtarını içerdiğini ve programda neleri vurgulayacağımızı, neleri göz ardı edeceğimizi belirlediğini vurgular. Ona göre, güçlü bir ana düşüncesi olmayan program değersizdir, yönü yoktur, çekirdeği yoktur, inandırıcı değildir, ilginç değildir[(27)].

Bazı televizyon programları tek bir ana düşünceye dayanacağı gibi bazılarında ise ana düşüncenin yerini bir "konu" alır. Örneğin, haber programlarında, eğitim programlarında olduğu gibi. Bir programın bir ana

---

[27] Bob Foss, **Sinema ve Televizyonda Anlatım Teknikleri**, Çev., Mustafa K. Gerçeker, Hayalperest Yayınevi, İnkılap Matbaası, 2. Baskı, İstanbul, Ocak 2012, s. 147.

düşünceye mi yoksa bir konuya mı dayanacağı program düşüncesinin oluşturuluş biçimine bağlıdır. Örneğin ana düşüncemiz "çevre kirliliği çağımızın en önemli sorunlarından birisidir" şeklinde olacağı gibi "çevre kirliliğinin insanlar üzerindeki etkileri" bir eğitim programının konusu olabilir.

Programın ana düşüncesinin mümkün olduğunca en açık, en anlaşılabilir ve en sade bir biçimde aktarılması, istenilenin daha etkin olarak anlatılmasında önemli bir rol oynar. Bir programda birden fazla ana düşünceye yer verilmesi bir karmaşaya, dağınıklığa neden olabilir ve mesajın yeterince anlaşılmasını engelleyebilir. Örneğin çevre kirliliği konusu oldukça geniş bir konudur ve hava kirliliği, su kirliliği, gürültü kirliliği, atıklar, çevre kirliliğinde insanın, kurumların, kullanılan malzemelerin rolü gibi çeşitli konuları içerir. Bu nedenle konu sınırlandırmasına gidilmeli ve ele alınacak konu daha dar sınırlar içinde işlenerek ana düşünceye katkısı olmayan tüm ögeler ayıklanmalıdır. Bir tek programda çevre kirliliğine ait tüm konuların ele alınması doğru bir yaklaşım olmayacaktır. Bir taşla iki kuş vurayım derken eldeki kuşu da kaçırabileceğimiz unutulmamalıdır.

- **Neden? (Programın Amacı, Yapılış Gerekçesi) Neden Bu Programı Yapmak İstiyorum?**

Amacı belli olmayan bir programın yapımına başlamak nereye gideceğinizi bilmeden yola çıkmaya benzer.

Ana düşüncenin tanımlanmasından sonra program yapımcısının kendisine sorması gereken ikinci önemli soru; "Neden bu programı yapmak istiyorum?" sorusudur. Diğer bir deyişle, "Düşündüklerimi neden başkalarına anlatmak istiyorum?", "Bu programı yapmak istememdeki amacım nedir?" sorusunu program yapımcısının açık bir şekilde yanıtlaması gerekir. Bu sorunun yanıtı yapımcıya programda ulaşılması istenen hedefi gösterecek yani izleyiciye gönderilecek asıl iletinin ne olduğunu belirleyecek ve programın amacını ortaya çıkaracaktır. Amacı belli olmayan bir programın yapımına başlamak nereye gideceğinizi bilmeden yola çıkmaya benzer. Her televizyon programının bir amacı olmalı, televizyon programları şu ya da bu şekilde belli bir amaca hizmet etmelidir. Örneğin antik bir yerleşim merkezini konu alan belgesel türdeki bir yapımda, ya antik yerleşim merkezin tanıtımı, ya bu yerleşim merkezinde yıkıntı ve çöküntülerin artması nedeniyle bir an önce koruma önlemlerinin alınması için kamuoyu oluşturulması ya da her iki amaç birlikte programın amaçları olabilir. Örneğimizde olduğu gibi bir programın tek bir amacı olabileceği gibi bazı yan amaçları da olabilir.

Ne tür ve hangi konuda program yaparsanız yapın program yapımında ilk adım programın amacının ne olduğunun yani ne işe yaradığının düşünülmesidir. Bir programın neye hizmet ettiği belli değilse amacı olmayan programlar en gösterişli programlar bile olsalar izlendikten sonra geriye bir şey kalmaz. Örneğin, İstanbul Boğazı'na ait mükemmel görüntülerin arka arkaya eklenerek bir program hâline getirilmesinde eğer temel bir amaç yoksa bu iş bir fotoğraf çalışmasıyla da gerçekleştirilebilir ve böyle bir televizyon programına da gerek yoktur. Amaçsız bir program yapımı tüm yapım çabalarını boşa çıkarıp bir işe yaramayacağı gibi gereksiz yapım maliyetleri oluşturacaktır. İşin parasal tarafı dışında programın izleyiciler açısından taşıdığı önem ise ayrı bir konudur.

- **Kimler İçin? (Hedef İzleyici) Program Kimler İçin Yapılacak?**

Hedef izleyici, televizyon programının biçim ve içeriğini belirlemede çok önemli bir rol oynar.

Bir televizyon programının yapılış gerekçesi yani amacı ortaya konulduktan sonra programın kimler için yapılacağının bir başka deyişle, programın hedef izleyici kitlesinin belirlenmesi gerekir. Program düşüncesini televizyon programı ile kime ileteceğiz, programın mesajını hangi izleyici grubuna ulaştıracağız? Hedef izleyici, program yapımcısının program düşüncesini geliştirme sürecinin başlangıcında göz önünde bulundurması gereken önemli ögelerden biridir. Yapımcı hedef kitleyi göz önünde bulundurarak bir program geliştirmelidir. Bir hedef kitle, kolayca tanımlanabilen oldukça küçük ve belirli bir grup insan olabilir veya çok çeşitli bireylerden oluşan büyük bir kitle olabilir.

Televizyon programlarının temel olarak gerçekleştirilme nedeni izleyicilerdir. Herhangi bir program üretiminin temel nedeni elbette, sonunda bir izleyici kitlesine programı izlettirmektir. Bir program yapımcısı için izleyicilerle ilgili çok önemli bir kavram da "hedef izleyici"dir. Hedef izleyici kavramı programın mesajını ulaştırmak istediğimiz belirli izleyici gruplarını ifade eder. Hedef izleyiciyle bir televizyon programcısının mesajının amacına ulaşması için önemli gördüğü izleyici kümelerini ifade edilmektedir. Hedef kitle yaş, cinsiyet, meslek, yerleşim yeri gibi demografik özellikler açısından ortak özelliklere sahip olan ve bu ögeler açısından yayınlar için öncelik taşıyan izleyici grubudur. Örneğin ilkokul çocukları, üniversiteli gençler, ev hanımları, şehirde yaşayan erkekler, vb. Mümkün olduğunca genel izleyici kitlesi içinde daha özel bir kitlenin tanımı yapılmalıdır. Programın başarısı da bu oranda artacaktır. Örneğin, genel olarak çocuklara yönelik bir program yerine belirli bir yaş grubu çocuklara yönelik program hazırlamak gibi. Çünkü bilindiği gibi belirli yaş grubu çocukların algılama, dikkat aralığının uzunluğu gibi farklı özellikleri söz konusudur. Program yapımcısının hedef izleyici kitlesini belirleyip tanımlaması programın amacına ulaşmasında önemli bir ögedir.

Hedef izleyici kitlenin özenle belirlenip tanımlaması sonucunda bu izleyici kitlesinin homojen bir yapı göstermesi program yapımcısının işini kolaylaştırır. Tersi durumda ise yapımcının işi daha zordur. Örneğin, 5-7 yaş grubu çocuklara yönelik olarak yapılacak bir program için bu yaş grubu çocukların tüm karakteristik özelliklerinin açıkça biliniyor olması nedeniyle programın biçimlendirilmesinde kolaylıklar sağlayacaktır. Diğer taraftan, hazırlanacak programın örneğin yetişkinlere yönelik olması, yetişkin sınıfında bulunan tüm insanların cinsiyet, eğitim durumu, yaşadığı yer gibi çok çeşitli farklı göstergeleri olması yapımcının programını oluşturmasında işini zorlaştıracaktır. Genel izleyici kitlesini hedef alan programlar azdır. Yapılan araştırmalar belirli demografik gurupların belirli tür programları diğer guruplara göre daha fazla izlediğini göstermektedir. Örneğin pembe dizilerin alt ve orta gelir gruplarının yaşadığı semtlerde üst gelir gruplarının yaşadığı yerlere oranla daha fazla ve daha ilgiyle izlendiği saptandığı bilinmektedir. İzleyiciyi ekran başında tutabilmek için televizyon izleyicilerine ve izleme deneyimlerine ilişkin bazı özelliklerin bilinmesinde ve program planlaması yapılırken bunların göz önünde bulundurulmasında büyük yarar vardır. Hedef izleyici kitlesinin belirlenmesi bu izleyici kitlesinin temel özelliklerinin de bilinmesini gerektirir. Diğer bir deyişle, belirlediğimiz hedef kitle hangi özelliklere sahiptir?

Kitle iletişim araştırmaları ve toplumbilimsel çalışmalardan yararlanılabilecek oldukça iyi "izleyici tipi" tanımlamaları vardır. Hedef izleyici yaş, cinsiyet, eğitim durumu, gelir düzeyi, etnik yapı, aile yapısı, dinsel tercihler, yerleşim birimi (yaşanan yer; köy, kent vb.), tüketim alışkanlıkları, değerler, yaşam biçimi gibi özelliklere göre tanımlanabilir. Program yapımcıları yapılan araştırmalardan sağlanan bu verilerden yararlanarak oldukça başarılı değerlendirmelere ve yorumlara ulaşabilir.

Bir yapımcı hedef izleyici kitlesini her türlü karakteristik özellikleri ve beklentileriyle birlikte tanımlamalı, profilini bilmeli ve ona göre bir yapım geliştirmeli ve bu izleyicilerin yaşama alışkanlıkları, nelerden hoşlandığı, neye ihtiyaç duydukları gibi bilgilere sahip olmalıdır. Bu bilgiler araştırmalara ve bu araştırmaların yorum ve değerlendirmelerine dayanmalıdır.

Hazırlanacak bir televizyon programında "hedef izleyici" grubunun yapısı ile ilgili birçok bilginin toplanması planlama aşamasında yapılması gereken önemli bir iştir. Hedef izleyicinin kimlerden oluştuğunu bilen program yapımcısının bu kitlenin özellikleriyle ilgili bilgilere sahip olması programını en etkili bir biçimde oluşturmasında ve sunmasında önemli bir rol oynar. Hedef izleyici, televizyon programının biçim ve içeriğini belirlemede çok önemli bir rol oynar. Hedef izleyicinin özellikleri ortaya çıkarıldıktan sonra programın hedef izleyicinin özelliklerine uygun olan yapısı, türü, süresi, yayın saati vb. belirlenecek yani mesaj hedef izleyiciye göre biçimlenecektir. Örneğin, tarımda gübre kullanımının sağlayacağı yararları anlatan bir programı gecenin geç saatlerinde yayınlamak, köyde yaşayanların çoğunun bu saatlerde uykuda olması nedeniyle mesajın hedef kitleye ulaşmasını engelleyecektir. Yine örneğin, çevre kirliliği konusunda bir eğitim programının yapılacağını düşünelim. Bu program çocuklara ya da yetişkinlere yönelik olarak yapılabilir. İki ayrı hedef izleyici için programın yapım biçimleri birbirinden çok farklı olacaktır. Kullanılacak sözcükler, görüntüler, dekor, müzik gibi program ögeleri farklı hedef izleyici grubuna göre değişiklikler gösterecektir. Yani mesaj hedef kitleye göre şekillenecektir. Örneğin, eğitimli bir izleyici kitlesi için hızlı tempolu bir program sorun yaratmazken eğitim düzeyi düşük kitle için algılamada sorun yaratabilir. Yine eğitim düzeyi düşük kitle için televizyon programında grafik ögelerinin, dramaların, animasyonların kullanılması daha açık bir anlatım için yararlı olabilir. Sonuç olarak, program yapımcısı kafasındaki programı hedef izleyiciye göre geliştirmeli ve televizyon programını kimler için yaptığını tüm yapım süreci boyunca aklından çıkarmamalıdır.

- **Nasıl? (Programın Sunuş Biçimi ve Yapım Yöntemi) Program Hangi Sunuş Biçimi ve Yapım Yöntemi ile Hazırlanacak?**

Programın yapım planlama çalışmalarında programın "nasıl" yapılacağının belirlenmesi gerekir. Yani konuyu nasıl ele alacağız, nasıl işleyeceğiz, nasıl bir yaklaşımda bulunacağız? Bir başka deyişle, nasıl bir sunuş biçimi ve yapım yöntemiyle programı gerçekleştireceğiz? Bunun için programın sunuş biçiminin ve yapım yönteminin belirlenmesi gerekmektedir.

Tamer'e göre televizyon insan benliğini iki yönden sarmaktadır. Biri sunulan konunun içeriği, söz ve davranışlarla iletilen konu, diğeri de bu konunun sunuluş biçimidir. Aslında bu iki öge birbirinden ayrılmaz ve sunuş biçimi içeriğe göre düzenlenir[28]. Buradan hareketle, program yapımcılarının öncelikle kendilerine soracağı iki temel soru: 1. "Ne" sunulacak ve 2. "Nasıl" sunulacak sorularıdır.

Televizyon programlarında çok değişik ve çok sayıda sunuş biçimini uygulamak mümkündür. Burada asıl sorun izleyiciyi programa çekme sorunudur. Bir programı izleyicinin dikkatini çekecek bir program hâline getirmek için nasıl bir anlatım biçimi oluşturulmalıdır? Yani hangi görüntü ve ses düzeniyle izleyicinin dikkatini programa çekmede daha etkili olunur?

Bir program yapımcısının programı için temel amaçlarından birisi, izleyicinin dikkatini programa çekmek ve dikkatin program boyunca sürekli kılınmasını sağlamaktır. Dolayısıyla, program yapımcısı konusunu en ilginç ve en etkili bir biçimsel yapıyla izleyiciye sunmak durumundadır. Programın sunuş biçimi, izleyici açısından görüntü, ses ve hareket uyaranlarının nasıl kullanılacağının düşünülmesi sonucunda ortaya çıkacaktır. Dolayısıyla, bir program yapımcısının kafasında program düşüncesinin oluşmasından sonra, bu düşüncesini izleyiciye görüntülerle nasıl anlatacağını hayal edecek, bir anlamda programı zihninde canlandıracak ve zihnindeki gözüyle görecektir. Program yapımcısı amacına ulaşmak için amacına en uygun olacak sunuş biçimini oluşturmaya çalışacaktır.

Sunuş biçiminin belirlenmesinde programın amacı, içeriği, hedef izleyici kitlesi, türü, yapım olanakları, program yapımcısının mesleki bilgi ve deneyimi, kişisel anlatım üslubu, yaratıcılığı gibi ögeler önemli rol oynar. Örneğin bir program düşüncesinin televizyon programı hâline getirilmek üzere çok sayıda program yapımcısına önerildiğini varsayarsak ortaya çıkan programlarda çok çeşitli sunuş biçiminin olduğu görülecektir.

Programın sunuş biçiminin belirlenmesi programın bütünü açısından genel bir yaklaşımı ve bakışı sağlar. Böylelikle de programın sunuş biçimi genel hatlarıyla ortaya çıkmış ve akış planı da belirlenmiş olur. Burada hemen vurgulamalıyız ki her programın kendine özgü bir niteliği olması

28 Kezban Tamer, **Televizyonun Etkileme Süreci İle İlgili Savlar**, Anadolu Üniversitesi Açıköğretim Fakültesi Yay., Eskişehir, 1983, s. 3.

nedeniyle programın sunuş biçimi de programdan programa değişiklikler gösterebilecektir. Programın sunuş biçiminin izleyicinin en fazla ilgisini çekecek şekilde olması programı başarılı kılacaktır.

Televizyon programlarında yapıma en uygun olan yapım biçiminin önceden belirlenmesi gerekir. Programın yapım biçimini belirlerken göz önünde bulundurmanız gereken iki önemli soru vardır: 1. Programınızın çekimlerini nerede yapacaksınız? Yani programın çekimleri stüdyoda mı gerçekleştirilecek ya da program yalnızca dış çekimlerden mi, yoksa bunların karışımından mı oluşacak? 2. Program canlı yayın mı olacak, yoksa sonradan yayınlanmak üzere kaydı mı yapılacak?

Programın sunuş biçimine ve yapım yöntemine ilişkin olarak program yapımcısının yanıtlayacağı çok sayıda soru olacaktır. Örneğin, programın çekimlerinde tek kamera mı yoksa birden çok kamera mı kullanılacak? Programda bir sunucu mu olacak yoksa sunucu görünmeden yalnızca sesi mi kullanılacak (off ses)? Programda grafik malzemeler, müzik ve ses efektleri kullanılacak mı? Programda röportajlar yer alacak mı? Örneklerini verdiğimiz ve benzeri sorulara verilecek yanıtlar programın sunuş biçimini ve yapım yöntemini oluşturacak ve bu da programa genel bir bakışı sağlayacaktır.

Programın sunuş biçimi ve yapım yöntemi konusu birbirleriyle ilişkili ve birlikte düşünülmesi gereken konulardır. Programın sunuş biçimi ve yapım yönteminin belirlenmesi, amacınıza en uygun olacak şekilde programın en iyi biçimde nasıl ve nerede üretilebileceğine karar verilmesidir. Bu, diğer taraftan, program yapımında hangi araç gerecin nasıl ve nerede kullanılacağının belirlenmesi anlamına da gelir. Burada, mesaj göz önüne alınarak seçilen yöntemin gerçekten en etkili ve en iyi yöntem olup olmadığı kararlaştırılmalıdır.

- **Program Türü (Program Hangi Türde Yapılacak?)**

Televizyonun daha önce de değinildiği gibi haber verme, eğitim, eğlendirme, mal ve hizmetlerin tanıtılmasını sağlama gibi çeşitli işlevleri yerine getirmesi aynı zamanda üretilen televizyon programlarının çeşitliliğine de neden olmuştur. Bu durum programların içerik, üretim, yapım, yayın biçimleri gibi açılardan da çeşitliliğine yol açmıştır.

Aziz'in belirttiği üzere, radyo ve televizyonda yayınlanan programlar çeşitli nitelikler göz önünde bulundurularak gruplandırılırlar. Bu nitelikler kimi kez izleyici kitlesi ele alınarak, kimi kez amacı, kimi kez genel niteliği dikkate alınarak yapılmaktadır. Bu nedenle televizyon programın hangi türde gerçekleştirilmesi hâlinde amacına ulaşacağının sorgulanması gerekir[29].

Mutlu, tür kavramının tüm sanatsal faaliyetler için geçerli olan ve kabaca sanatsal etkinliklerin belli özelliklerine göre ayrıştırıldığı kategoriler şeklinde tanımlanabileceğini söyler[30]. Özön ise, televizyon türlerini, programların belli bir konuyu işlerken kullandığı gerece, çeşitli ögelerin kullanılış biçimine, belli bir konuyu ele alış açısına göre ortak yönleri bulunarak yapılan kümelendirme sonunda ortaya çıkan bölümler olarak tanımlamaktadır[31].

Karşılaştığımız çeşitli program türü tanımlamalarının ortak yönü, programların çeşitli yönlerden sınıflandırmaya sokulmasıdır. Burada söz edilen çeşitli yönlerden anlaşılması gereken şey amaç ve içerik (haber, eğlence, eğitim, vb.), yapım biçimi (belgesel, drama, vb.), yapım ve yayın tekniği (canlı yayın, band, vb.), yapım kaynakları (yerli yapımlar, yabancı yapımlar, vb.), izleyici grubu (çocuklar, yetişkinler, vb.) gibi ögelerdir. Ortak özelliklerine göre sınıflandırılan programların da kendi aralarında yine bu ortak özelliklerine göre çeşitli alt başlıklar hâlinde sınıflandırıldıkları görülür. Örneğin kültür programları, dil, edebiyat ve sanat programları, ekonomi programları, tarih programları, bilim ve teknoloji programları vb.

Zettl dünyada ve de ABD'de televizyon kuruluşlarında program yapım birimlerinin çeşitli program türlerine göre ayrıldığına işaret eder ve Amerika örneğini verir: ABD'de tüm program türleri FCC (Federal Communication Commission) tarafından sekiz kategoride standardize edilmiştir: (1) tarım, (2) eğlence, (3) haber, (4) kamusal işler, (5) dinî, (6) eğitim, (7) spor ve (8) diğer programlar. Bu son kategori ilk yedi kategoride yer almayan tüm programları içermektedir[32]. Türkiye Radyo Televizyon Kurumu-TRT'de ise program türlerinin; eğitim programları, kültür programları, drama programları, müzik programları, eğlence programları, haberler, spor programları gibi çeşitli başlıklar altında sınıflandırıldığı görülür[33].

---

29 Aysel Aziz, **Radyo ve Televizyona Giriş**, Ankara Üni. S.B.F. Yay.,No:393, Basın Yayın Yüksekokulu Yay., No:4, Ankara Üni., Basımevi, Ankara 1976, s. 44.

30 Erol Mutlu, **Televizyonu Anlamak**, Gündoğan Yayınları, Ankara 1991, s. 35.

31 Nijat Özön, **Televizyon Terimleri Sözlüğü**, TDK Yayınları, Ankara, 1981, s. 301.

32 Herbert Zettl, **Television Production Handbook**, Wadsworth Publishing Company, California, 1992, s. 488.

33 Ayrıntılı bilgi için bakınız: **TRT Kuruluş ve Görev Yönetmeliği,** TRT yıllık Genel Yayın Planları.

Burada hemen vurgulamalıyız ki, bu sınıflandırmayı her zaman kesin çizgilerle ayırmak mümkün değildir. Bazı durumlarda çeşitli program türlerinin bir yapımda iç içe girdiğini görebiliriz. Televizyon dünyasında bildik bir deyiş vardır: Eğitirken eğlendirmek, eğlendirirken eğitmek. Buna göre örneğin, bazı eğitim programlarına eğlence unsuru katılarak program izleyici açısından daha çekici bir hâle getirilebilir. Benzer şekilde, eğlence programları arasına eğitime yönelik bölümlerin konulması da izleyicinin bir yandan eğlence beklentisi karşılanırken diğer yönden de eğitilmesi sağlanmış olunur.

Yapım öncesi aşamada program türünün belirlenmesi bir yapım için çok önemlidir. Program yapımcısı yapım öncesi aşamada hazırlayacağı programın özelliği ve konusu, amacı, hedef kitlesi, televizyon kuruluşunun yayın amaçları ve politikası, yapım kaynakları ve olanakları gibi koşulları düşünerek programın hangi türde olacağının kararını vermelidir. Program türü her şeyden önce programın amacı, hedef kitlesi, program ögelerinin kullanımı gibi yapım süreci bakımından televizyon yapımcısını önceden belirlenmiş bazı sınırlılıklar içinde çalışmaya zorlamaktadır. Örneğin, belli bir konu drama olarak işlenecekse farklı, eğitim programı olarak işlenecekse farklı, belgesel olacaksa daha farklı yapım yaklaşımları gerektirir.

Televizyonda programların türlere ayrılması uygulamada bir yandan televizyon kuruluşlarının işleyişi ve örgütlenmesi bakımından diğer yandan da çalışanlar bakımından önemli ve yararlı olmuştur. Televizyon kuruluşlarında program yapım birimlerinin haber, müzik, belgesel vb. isimler altında yapılanması bir iş bölümünün gerçekleşmesini mümkün kılmıştır. Aynı zamanda bu iş bölümü televizyon çalışanları bakımından da çalıştıkları birimde uzmanlaşmaları sonucunu doğurmuştur. Örneğin klasik müzik programları yapımcısı bu türde uzmanlaşmıştır. Spor programları yapımcısı da yine kendi türünde uzmanlaşmıştır. Anlaşılacağı gibi, bir program türünde çalışıyor olmak yapımcının o türde ciddi bir bilgi ve birikim ve de önemli bir deneyim kazanması sonucunu yaratacaktır.

- **Programın Süresi (Uzunluğu) Ne Olacak?**

Programın süresi programın zaman bakımından uzunluğudur.

Program süresi önceden yani, planlama çalışmaları sırasında belirlenmelidir. Program süresinin belirlenmesinde konu, amaç, tür, izleyici kitlesi gibi faktörlerin göz önünde tutulması gerekir. Örneğin aynı konu farklı izleyici kitlelerine göre değişik sürelerde ve türlerde işlenebilir. Program süresi ne izleyiciyi sıkacak kadar gereğinden fazla uzun ne de anlaşılamadan bitecek kadar kısa olmalıdır.

- **Programın Adı Ne Olacak?**

Program adlarının kısa, akılda kalıcı ve hatırlanabilir olmalıdır. Akılda kalıcı ve hatırlanabilir olabilmesi için program adı çok sayıda kelimeden oluşmamalıdır. Hiç kuşkusuz program adının program konusu, içeriği hakkında ipuçları verecek şekilde ve konuya uygun ve anlamlı olması gerekir.

- **Program Hangi Kanalda Yayınlanacak ve İdeal (En Uygun) Yayın Zamanı Nedir?**

Yapım planlaması aşamasında programın yayınlanması düşünülen yayın kanalının ve tarih olarak yani ay, gün, saat anlamında ideal yayın zamanının belirlenmesi gerekir. Programın yayınlanacağı televizyon kanalının ve ideal yayın zamanının belirtilmesinde hedef izleyicinin izleme alışkanlıkları göz önünde bulundurulması gereken en önemli noktadır. Bu konuda televizyon izleme alışkanlıklarına ilişkin yapılmış araştırmalardan yararlanılması doğru bir yaklaşım olacaktır. Program yapımcısının öncelikle kendisine sorması gereken soru; programın yayınlanacağı gün, saat ve kanalda hedef izleyici grubuna ulaşılıp ulaşılamayacağıdır.

- **Programın Yapım Takvimi Nasıl Olacak?**

Programımız belirli bir zamanı hedef alarak yapılacaksa ki çoğunlukla böyle olur, neyi ne zaman yapacağımızı belirlemek gerekir. Bu da yapım öncesi planlama ve hazırlıklar aşamasında program için bir yapım takvimi hazırlamakla mümkün olur. Örneğin, birinci hafta araştırma, ikinci hafta metin/senaryo yazımı, üçüncü hafta çekimlerin yapılması, dördüncü hafta kurgu vb. Çeşitli nedenlerle yapım takvimine önceden belirlenen şekilde uyulamayabilir. Ancak belirli işlerin belirli zamanlarda yapılabilmesi ve iyi organize olabilmek için yapım takvimi bir klavuz işlevi görerek planlı çalışmayı sağlayacaktır.

- **Metin/Senaryo Yazımı**

Program yapım sürecinde senaryo yazımına kadar yapılan çalışmalarda senaryonun yazılabilmesi için gerekli olan ön hazırlıklar yapılmıştır. Programın yapım araştırmasının tamamlanması ve planlama ve hazırlık çalışmalardan sonra sıra programın ana düşüncesinin yazılı metin hâline dönüştürülmesi yani program senaryosunun yazılmasına gelmiştir.

Program yapım sürecinde yapılan çalışmaların en önemlilerinden biri program senaryosunun yazılmasıdır. Çünkü senaryo programın kaderini belirleyecek en önemli ögelerin başında gelir.

Cereci, televizyon programlarının temelinde senaryo olduğunu söyleyerek senaryoyu bir programın çekilmesine temel olan yazılı metin olarak tanımlar. Ona göre, senaryo yazımı programın biçiminin, karakterinin, mesajlarının ortaya konduğu aşamadır ve bir senaryoda yapım ekibindeki elemanların gerek duyacağı tüm bilgiler ve yol gösterici işaretler bulunmaktadır. Senaryo, bir programdaki ayrıntıların planıdır. Senaryo, olayların hangi sırayla, nasıl akacağını düzenleyerek önemli bir işlev üstlenir. Bir televizyon programının büyük kısmı, senaryo yazımıyla ortaya çıkmış demektir[34].

Senaryo, yapılacak programın temeli ve özüdür. Yaygın bir deyişle, "İyi bir senaryodan kötü bir program çıkabilir ama, kötü bir senaryodan iyi bir program çıkamaz". Senaryo sadece programın kağıda metin olarak yazılmış şekli değildir. Programdaki tüm olayların gelişimi ve birlikteliğinin yazılı olarak oluşturulmasıdır. Bu metin (senaryo) çekim aşamasında televizyon yönetmeni tarafından "çekim senaryosu" biçimine dönüştürülerek televizyona uyarlanacaktır[35].

Bir programın senaryo yazımı her şeyden önce program konusu hakkında geniş bir bilgiyi gerektirir. Yapım araştırması sonunda program yapımcısı çeşitli bilgi kaynaklarına ulaşmış ve program konusuyla ilgili çok sayıda malzeme toplamıştır. Programcı bu malzemelerin içinden programın amacına uygun olan ve ona gerekli olacak bilgileri seçer, ayırır, niteliğini ve yararlılığını değerlendirir ve bu bilgileri düzenleme işine girişir. Programcı kullanacağı bilgilerle ilgili olarak güvenilirlik, inanılırlık, hedef

34 Sedat Cereci, **Televizyonda Program Yapımı**, Metropol Yayınları, Ankara, 2001, ss. 116-117.

35 Levend Kılıç, **Televizyon Eğitim Programlarında Yapım-Yönetim**, Anadolu Üni., Yayınları, No: 233, Eskişehir, 1987, s. 26.

izleyicinin özellikleri, yasal ve etik faktörler, değerler, beğeniler gibi unsurları göz önünde bulundurmalıdır.

Senaryo, programın ana düşüncesinin görüntü ve ses olarak bir televizyon programı hâline dönüştürülmesini sağlayan bir çalışmadır. Bu nedenle her televizyon programı bir senaryoya dayanır. Senaryo programın biçim ve akışını, içeriğini ve önemli yapım bilgilerini içerecek şekilde düzenlenir. Bu nedenle senaryo, yönetmenin elindeki yol haritası gibidir. Senaryo olmadan bir yapıma başlamak bilmediğiniz bir yerde haritanız olmadan yolculuk yapmaya benzer. Televizyon programlarında senaryo yazım işini çoğunlukla yönetmen yapmaktadır. Fakat program senaryosu yönetmenin dışında bir senaryo yazarı tarafından da yazılabilir. Ancak çekim senaryosunu genellikle yönetmen yazar. Bir senaryo yazarı görüntü diline yani görüntülerle yazma becerisine sahipse çekim senaryosunu da yazabilir. Böyle bir kişinin yapım ekibindeki kişilerin bilgi, yetenek ve çalışma yöntemi ile kullanılacak teknolojik araç gereç ve malzemenin sağlayacağı olanakları iyi bilmesi gerekir. Örneğin bir objektifin hangi estetik ve psikolojik olanaklar sağlayacağının bilinmesi gibi. Senaryo, programın yönetmeni dışındaki bir senaryo yazarı tarafından yazılıyorsa senaryo yazarı, yapımcı ve yönetmenin yakın bir ilişki içinde çalışmasında büyük yarar vardır. Bu durumda senaryo yazarı programın amacı, hedef izleyici kitlesi, bütçesi gibi yapıma ait her türlü bilgi ile donatılmış olmalıdır. Çünkü senaryoyu yazarken bu bilgiler onun için önemli olacaktır. Örneğin programın bütçesini bilmeyen bir senaryo yazarı ancak çok yüksek bütçelerle gerçekleştirilebilecek bir senaryo yazabilir ve bu da eğer bütçe yeterli değilse programın gerçekleşmemesi sonucunu yaratabilir.

Senaryo yazımında sözcüklerin, düşüncelerin tümü sonuçta görüntülere dönüştürüleceği için bir senaryo yazarının sahip olması gereken en temel özelliği görsel düşünebilme becerisine sahip olmasıdır. Etkili bir televizyon programı senaryosu yazmak öncelikle yaratıcı olmayı gerektirir. Senaryo yazımında yaratıcılık, yazarın önceden edindiği bilgileri kullanıp, yeni bilgiler, yeni sonuçlar, yeni çözümler üretmek ve sentez yapabilmektir. Yaratıcılık doğuştan gelen bir yetenek olduğu kadar, bilimsel yöntemleri ve teknikleri olan öğrenilebilir, geliştirilebilir bir şeydir aynı zamanda. Senaryo yazımında gerekli olan bilgi ancak hayal gücünün emrine sunulduğu zaman yaratıcı bilgiye dönüşebilir. Senaryo yazımı yetenek ve deneyim de gerektirir. Bir senaryo yazarı; televizyonun anlatım dilini ve teknolojisini, televizyon program yapım sürecini, stüdyo, kamera, kontrol odası, özel video efektleri, kurgu ve ses olanaklarını, programın amaçlarını, programın hedef izleyicisi ile ilgili bilgileri, programın bütçesini, insan ve araç gereç olanaklarını bilmelidir. Bu bilgiler senaryo yazarı için gerekli olan temel bilgilerdir. Aynı zamanda bu bilgiler onu yönlendirecek, programın olanaklarını ve sınırlılıklarını açıklayacak, temel yaklaşımını, tarzını belirleyecek yani bir anlamda programın "nasıl" olması gerektiğini belirtecek bilgiler olacaktır. Örneğin programın hedef izleyici kitlesini bilen senaryo yazarı programında bu kitlenin ilgisini çekecek yapım unsurlarına (dekor, sunucu, müzik vb.) yer verecektir.

Senaryo yazarının yazarlık yeteneği önemli bir konudur. Kılıç televizyon için yazmak kitap metni yazmaya kesinlikle benzemediğini vurgular[(36)]. Senaryo yazarlığı, belirlenen konuyu televizyon aracının özelliklerine uygun olarak yazmayı gerektirir. Senaryo her şeyden önce görüntülerle düşünülerek yazılmalıdır. Bir kitap okuyucusu yazılanları kendisinin istediği tempoda okuyabilir. Anlayamadığı yerleri dönüp yeniden okur. İlgisini çekmediği yerleri hızlı okuyabilir ya da atlayabilir. Televizyon izleyicisi ise bunları yapamaz, senaryo yazarının istediği şekilde ve tempoda programı izlemek durumundadır. Diğer taraftan, televizyon görsel bir iletişim aracı olmakla birlikte senaryodaki tüm sözcükler ya da diyaloglar yalnızca söze değil, kulağa da yönelik olarak düzenlenmelidir. İzleyici senaryoyu okumaz, sadece verilenleri dinler. Bu nedenle senaryo yazımında yazılanları yüksek sesle okumak, sözcüklerin ve cümlelerin kulağa nasıl geldiğini anlamak açısından yaygın olarak kullanılan bir yöntemdir.

Görüntü, ses ve hareket ögeleri izleyici için uyaranlardır. Bu ögeler programın amaçlarına ulaşmak için senaryo yazarınca gerektiği gibi düzenlenmelidir. Eğer programın senaryosu yönetmenin dışında bir senaryo yazarı tarafından yazılmışsa programı yapacak olan yönetmene senaryo geldiğinde yönetmen sözcüklere uygun düşecek görüntüleri düşünmeye başlar (şu bölüme arşiv görüntüleri, burada kamera hareketi, şuraya bir grafik, buraya dramatik bir sahne gibi). Senaryo yazarı, programda hangi sunuş biçiminin kullanılacağını senaryoda düzenlemelidir. Görüntü, ses ve hareket ögelerinin düzenlenmesiyle programın bütünü açısından sunuş biçiminin iskeleti de ortaya çıkacaktır. Kuşkusuz çeşitli programlarda programın niteliğine göre değişik sunuş biçimleri görülebilir.

36 **A.g.e.**, s. 29.

Senaryonun kağıda yazılmasında şekil olarak çeşitli biçimler kullanılır. Genel olarak televizyon programları için yazılan senaryolarda, sayfa ortadan dikey olarak ikiye ayrılır ve kağıdın sol tarafında görüntüye ilişkin bilgiler, sağ tarafında ise sese ait bilgiler yer alır.

Senaryonun yazılmasından sonra senaryonun amaçlarına, gerektirdiklerine, yapım sürecinin olanak ve sınırlarına göre programda görev alacak kişiler, kullanılacak nesneler ve ses, grafik ve arşiv malzemeleri, çekim mekânları ve teknolojik araç gereçler belirlenir ve bunlar çekim için hazırlanır.

• Programın Yapım Ekibi Kimlerden Oluşacak?

Televizyonda program yapımı bir ekip işidir.

Bir televizyon programının yapımında program içinde (programda görünen) ya da dışında çeşitli nedenlerle kişiler yer almaktadır. Televizyon programları çok sayıdaki insanın ortak çalışmaları ile gerçekleşir. Bu insanların bazıları program üretiminde doğrudan görev alan ve yapım ekibi olarak adlandırılan yapımcı, yönetmen, kameraman, kurgucu, makyajcı, sesçi gibi kişilerden oluşurken bazıları ise programa katılan konuklar, sunucular, konu uzmanları vb. kişilerdir. Televizyon programları yapımında farklı beceri ve uzmanlığa sahip insanlar belirli işleri yaparak katkıda bulunur. Televizyon programları bir ekip çalışmasının sonucunda ortaya çıkar.

Program yapımında hangi insanlara gereksinim olduğu programın yapım öncesi aşamasında belirlenmesi gereken bir konudur. Yapım ekibinin belirlenmesinde gösterilen özen hiç kuşku yok ki yapımların başarısında önemli bir rol oynayacaktır. Ekip elemanlarının herhangi birinden kaynaklanan bir hata tüm programa yansır.

Bir yapım ekibinde ekip elemanları birbirleriyle devamlı bir iletişim ilişkisi içindedirler. Yapım ekibi üyeleri yaptıkları işler dışında ekibin diğer üyelerinin işleri konusunda da belirli bir düzeyde bilgi sahibi olmalıdırlar. Çünkü program üretiminde yapılan işlerin birbiriyle bağlantısı vardır. Örneğin bir kameraman kurgu konusunda temel bilgilere sahip değilse çektiği görüntülerin kurgulanması sırasında kurgucunun işini zorlaştıracaktır.

Bir yapımda çalışacak yapım ekibi elemanlarının mesleki deneyimlerinin yanı sıra alanlarında eğitim görmüş ve uzmanlaşmış olmaları da gerekir. Nitelikli, deneyimli ve başarılı bir eşgüdüme, uyumlu çalışma anlayışına sahip ekip elemanları yapıma katkıda bulunacak ve yapımın başarısını arttıracaktır. Ancak bu özelliklere sahip yapım ekibiyle karşılaşılan sorunlar en aza indirilebilir, iyi bir yapım ortaya çıkarabilir.

Çeşitli kaynaklarda program yapım ekibinin değişik biçimlerde sınıflandırıldığını görürüz. Örneğin, Zettl yapım ekibini kamaranın önündeki kişiler (sunucular ve oyuncular) ve kameranın arkasındaki teknik ve teknik olmayan tüm kişiler (yapım personeli, mühendislik ekibi ve diğer televizyon çalışanları) şeklinde sınıflandırır(37). Wurtzel'e göre ise televizyon ekibi kabaca iki gruba ayrılabilir:

Yapım grubu üyeleri ve çekim grubu üyeleri. Yapım grubu üyeleri, görevleri "yaratıcı" olarak kabul edilen; yapımcı, yönetmen, yazar ve çeşitli yapım yardımcılarından oluşur. Çekim grubu üyeleri, esas olarak araç gereçlerle bireysel olarak çalışan; teknik yönetmen, ses mühendisi, kameraman, stüdyo yönetmeni ve bunların yardımcıları ve teknisyenlerdir(38).

Program yapımında yapım ekibi elemanlarından beklenen üç temel özellik; bilgi, yetenek ve deneyimdir. Yapım ekibinin televizyon alanında temel bilgilere sahip olması olmazsa olmaz bir ön koşuldur. Yapım ekibi elemanlarının televizyonu iyi tanıması, dilini öğrenmesi, televizyonun teknik ve estetik kuralları vb. konularda temel bilgilere sahip olması gerekir. Televizyona ilişkin bu temel bilgilerin yanı sıra her bir ekip elemanının kendi uğraşı alanında ise uzmanlaşması gerekir. Örneğin program yapımında temel amaç; izleyicinin dikkatini ana konuya çekmektir. İzleyicinin dikkatini ana konuya yönlendirmenin çeşitli yolları vardır. Bunlardan birisi aydınlatmadır. Örneğin bir görüntü çerçevesi içinde izleyicinin dikkatini çekmek istediğimiz bir nesne iyi aydınlatılır ve onun çevresindeki nesne karanlık ya da yarı karanlık bırakılırsa izleyicinin dikkati iyi aydınlatılmış nesne üzerine odaklanır. Böyle bir aydınlatmayı gerçekleştirmek içinde ışık kaynaklarını ve onların karakteristik özellikleri konusunda bilgi sahibi olmak gerekir. Bu örnekteki gibi bir aydınlatma için sınırlı ve dar bir alanın aydınlatılmasında dar açılı bir ışık yayan "sert ışık kaynaklarını" kullanmak gerektiğini bilmek gerekir. İzleyicinin dikkatini

---

37 Herbert Zettl, **Television Production Handbook, Wadsworth Publishing Company**, Belmont, California, 1984, s. 17.

38 Alan Wurtzel. **Television Production**, (Second edition), McGraw-Hill Book Company, Singapore, 1985, ss. 8-9.

bir konu üzerine çekmenin yollarından bir başkası da net alan derinliğinden yararlanmaktır. Örneğin bir görüntü çerçevesi içinde bulunan insanlar arasından bir kişiye dikkat çekilmek istenirse o kişi net ve kişinin önünde ya da arkasında bulunan insanlar netsiz bırakılırsa izleyicinin dikkati net olan kişi üzerinde odaklanacaktır. Bunun için de optik konusunda bilgi sahibi olmak gerekir. Örneğin dar açılı objektiflerin optik özellikleri nedeniyle bu objektiflerle çekilen görüntülerde net alan derinliğinin az olacağını bilmek koşuluyla istenilen sonuca ulaşılabilir.

Sinema, televizyon ve video yapımları için mesleki bilginin yanı sıra kuşkusuz entelektüel bir birikim de gereklidir. Bu birikim onun yaratıcılığını destekleyecek ve programına geniş bir perspektiften bakmasını sağlayacaktır. Yetenek ki biz buna yaratıcılık da diyebiliriz kişiyi sıradan biri olmaktan çıkaracak bir özelliktir. Yaratıcılık var olan bilgileri kullanıp yeni bilgiler, yeni sonuçlar, yeni çözümler üretmek, sentez yapabilmektir. Yeteneğin ortaya çıkarılması da bir düşünsel süreci gerektirecektir. Televizyon programcılığı yüksek düzeyde yaratıcılığa dayanan bir çalışma alanıdır.

Deneyim ise bilgi ve yeteneğin kaynaşmasını ve beceriye dönüşmesini sağlar. Uygulama çalışmaları insana deneyim kazandırır. Sıradan konuları bir sanatçı duyarlılığıyla işleyerek başarılı bir şekilde ekranlara yansıtan program yapımcısının sahip olduğu bilgi, yetenek ve deneyimleridir.

Televizyonculuk bir ekip işidir. Ekip elemanlarından birinin hatası programa yansır. Bir televizyon programının ortaya çıkmasına çok sayıda değişik beceri ve uzmanlık sahibi kişi ortaklaşa katkıda bulunur. Program yapım ekibi değişik beceri ve uzmanlığa sahip çok sayıda kişiden oluşur. Yapım ekibinin tümü program yapım aşamasında yönetmene bağlı olarak çalışır.

Büyük bir yapımda dış mekânda ya da stüdyoda ya da onun çevresinde çalışan çok sayıda yapım elemanı bulunacaktır. Orada bulunan herkes, yapımın gerçekleştirilmesine yardım etmek için orada bulunmaktadır. En ince düşünülmüş şeyler bile yapım ekibinin yaratabileceği olumsuzluklarla bozulabilir.

Bir yapımda görev alan temel yapım ekibinin görev ve sorumluluklarını şöyle açıklayabiliriz:

Editör: Editör bir yapımın yayın içeriğinden sorumlu olan ve içerik akışını oluşturan kişidir. Program sorumlusu olan editörün görevi, yayın içeriğini görsel olarak yorumlamaktır. Televizyon editörü bir programın hazırlanış sürecinden metinlerine programın tüm aşamalarının içinde olan ve bu aşamaların takibini yaparak yayına hazır hâle getiren kişidir. Editörler genellikle haberler, güncel olaylar ve magazin programlarında çalışır. Televizyonda haber editörleri haberin oluşturulması, yazımı ve haberin kontrolünden sorumludur.

Yapımcı: Bir programın üretilmesinde bütün işlerin organizasyonunu yüklenen bir sorumlu olmak zorundadır. Televizyon programlarında baş sorumlu programı planlayan yani yapımcıdır. Yapımcı, televizyon programının konusunu bulan yani, ana düşüncenin sahibi olan kişidir. Program düşünceleri yapımcıdan doğar. Yapımcı bir programın gerçekleştirilmesi ve yayını için gerekli koşulları sağlar. Yapımcı yapım sürecinin en başında yer alır ve işi başlatır. Yapımcı programın hazırlık, gerçekleştirilme, yayın ve yayın sonrası olmak üzere tüm çalışmaları baştan sona örgütleyen ve yürüten kişidir. Yapımcı bir programın başından sonuna her aşamasında yer alır ve bir programın bütünüyle yönetiminden sorumludur. Yapımcı, program düşüncesini başarılı bir program hâline getirmek üzere bir araya gelmiş olan yapım ekibine başkanlık eder. Yapımcının işlerini başarıyla yapabilmesi için öncelikle iyi bir ekip lideri olması gerekir. Program bütçesini belirlemek yapımcının görevleri arasındadır.

Anlaşılacağı gibi yapımcı program düşüncesinin geliştirilmesi, yapım ekibinin oluşturulması, yapımda kullanılacak araç gereçlerin (kamera, ses, kurgu, ışık vb. malzemeler) bulunması, program bütçesinin hazırlanması, bulunması ve kontrolü, mekânların seçimi gibi bir programın tüm planlama, organizasyon, gerçekleştirilme ve yapım sonrası bütün işlerin sorumlusudur.

Yapımı karmaşık olmayan programlarda yapım ve yönetim bir kişi tarafından yürütülebilir. Aslında yapımı karmaşık olmayan programlarda bir kişi yapımcı, yazarlık ya da yönetmenlik gibi görevlerden birini ya da tümünü üstlenebilse de bu görevler farkı ve bu alanlarda uzmanlaşmış elemanlarca yürütülmelidir. Örneğin televizyon dizileri gibi büyük bütçeli ve büyük ölçekli yapımlarda yapımcı ve yönetmenin ayrı kişiler olduğu görülür. Çünkü bu tür yapımlarda bir kişinin iki görevi birden yürütmesi çok zordur.

Bir televizyon programı yapımında yapım ekibinin büyük bir kısmı görevleri bittiğinde programdan ayrılır. Örneğin kameramanlar, ışıkçılar, set çalışanları gibi. Ancak yalnızca yapımcı dediğimiz kişi ve onun yardımcıları programın düşünce aşamasından gerçekleştirilmesine, yayınına ve dağıtımına kadar işlerine devam ederler.

Yönetmen: Yönetmen, yayın içeriğinin ya da düşüncenin yaratıcı, sanatsal yorumundan sorumlu olan kişidir. Bir başka deyişle yönetmen yapımcının program düşüncesini sonuçta bir televizyon programına dönüştüren kişidir. Yapımcının kafasında oluşan program düşüncesi yönetmenin sanatsal yorumu ve yaratıcılığı ile televizyon programı hâlinde somutlaşır. Yönetmen bir televizyon programını baştan sona şekillendiren kişidir. Program yapımlarında tüm çaba ve çalışmalar yönetmenin becerisiyle sonuçlanır. Yönetmen, program malzemelerini bir bütün hâlinde izleyiciye sunan kişidir.

Yönetmen; program içeriğinin kontrolü ve program akışı, oyuncuların yönetimi, programın çekileceği mekânların organize edilmesi ve kullanımı, televizyon dilinin kullanımı (kamera açıları, çekim ölçekleri, aydınlatma biçimi, ses, kurgu) gibi konulardan sorumludur. Program yapımında görev alanlar yönetmene bağlı olarak çalışırlar. Yönetmen de yapımcıya bağlı olarak çalışır. Yönetmenler bazı yapımlarda aynı zamanda o programın yapımcılığını da üstlenirler.

Yönetmen televizyon teknolojisini sanatçı duyarlılığıyla kullanan kişidir. Bir televizyon programının çekimi dendiği zaman, senaryonun televizyon teknolojisi kullanılarak "görüntü" ve "ses"e uyarlanmasıdır. Bu nedenle, bir senaryonun çekimini gerçekleştirmek için televizyon programı açısından görüntü ve sesin olanaklarını, sınırlarını iyi bilmek gerekir. Yönetmen programa görsel ve işitsel yapısını kazandıran kişidir. Televizyon yapımlarında yönetim çok yönlü kişilik özellikleri gerektiren bir çalışma alanıdır.

Yönetmen her şeyden önce televizyon program yapımı konusunda temel bilgilere sahip olmalıdır. Bu çok sayıda araç gereçle ilgili teknik yönden televizyona özgü anlatım olanaklarına kadar uzanır. Yönetmen entelektüel bir birikime de sahip olmalıdır. Dünyayı yakından takip etmelidir.

Zettl'a göre bir yönetmen sanatçı, psikolog ve önder, teknik uzman ve örgütleyici olmalıdır[39].

- ***Sanatçı:*** Bir sanatçı olarak yönetmen, senaryoyu veya gerçek bir olayı etkileyici görüntüler ve sesler hâline getirebilmelidir. Bu onun sanatçı olarak becerisini ortaya koyar. Yönetmen televizyon görüntülerini ve seslerini kendisi için oluşturacak kişilere ve yapım

[39] **Zettl**, 1984, ss. 502-503.

elemanlarına karar vermelidir. Çeşitli üretim ögelerinin koordinasyonu, ilk fikir ve görselleştirme aşamaları kadar ve çoğu zaman daha fazla yaratıcı çaba gerektirir.

- ***Psikolog:*** Yönetmen işini yaparken teknik görevliler, görüntülerin ve seslerin teknik kalitesi, program konukları, oyuncular gibi çok sayıda kişiyle uğraşmak durumundadır. Yönetmen bir psikolog gibi onların etkin bir ekip çalışmasını başarabilmelerini sağlamak için kişilerle bireysel olarak ilgilenir. Başarılı yönetmenler insanları yönetme yetisine sahip, tek bir amaç için insanları harekete geçirip onları yönlendirebilen, güdüleyebilen üstlendikleri işi zamanında ve nitelikli bir şekilde bitiren kişilerdir.
- ***Teknik Uzman:*** Yönetmen teknik ekibe etkili talimatlar vermek için, kullanılan araç gereçlerin sınırlarını ve olanaklarını bilmelidir. Bu açıdan bir televizyon yönetmeni bir senfoni orkestrasının şefi gibidir. Orkestra şefi orkestranın tüm enstrümanlarını çalamayabilir, ancak çeşitli enstrümanların üretebileceği sesleri ve iyi sesler üretmek için nasıl çalınması gerektiğini kesinliklebilir.
- ***Örgütleyici:*** Televizyon yönetmeni birçok farklı yapım ögesini ve sürecini başarıyla koordine etmelidir. Bu, yapım elemanlarının en yüksek performansları elde etmelerine yardımcı olmak anlamına gelir.

Televizyon yönetmeni programcılık alanındaki her konuda bilgi sahibi olmalıdır. Ancak iyi bir yönetmen her konuda herkesten çok daha bilgili bir kişi değil ekibindeki tüm kişilerin en verimli şekilde çalışmasını sağlayan kişidir. İyi bir yönetmen neyi, ne zaman, nasıl ve neden yaptığını bilen kişidir.

Televizyon programlarında yönetmenin yapım süreci içinde en etkin olduğu zaman çekim aşamasıdır. Çekim aşamasında yönetmenin işi oldukça güçtür; çünkü, kalabalık bir ekiple ve karmaşık bir teknolojik araçla sanatçı duyarlılığıyla çalışmak durumundadır. Örneğin iki kameralı bir stüdyo çekiminde yönetmen şu işleri yapmak durumundadır. Kameramanlar, sesçiler, stüdyo şefi, resim seçici teknik yönetmen, ışıkçılar, elektronik grafikçiler vb. kişilerle konuşmak, onları dinlemek durumundadır. Bir yönetmen örneğin stüdyoda iki kameralı bir çekimde en az üç monitörü her an izler (iki kamera, bir çakış monitörü), zamanı takip eder, sesi dinler, senaryoyu çekim sırasında sürekli izler. Bunlar bir yönetmenin yapması gereken işlerin küçük bir bölümüdür.

Yönetmen Yardımcısı: Yönetmen yardımcısının görevi, temel sekreterlik görevleri yanında yönetmene yapımın yürütülmesinde her konuda yardımcı olmaktır. Örneğin bir stüdyo yapımı söz konusuysa yönetmen stüdyoya girmeden önce yönetmen yardımcısı, çekim senaryosu ve kamera kartlarını hazırlamış ve kullanılacak herhangi bir ara görüntü çekimi, müzik ya da video kliplerinin zamanlamasını yapmış olmalıdır. Kayıt ya da yayın başlayınca çekim sayılarını söyleyecek, her şeyin zamanlamasını yapacak, devamlılık notlarını alacak, çekim sırasını ve zamanı takip edecek vb. yönetmenin programa uygun çalışmasına yardımcı olacaktır.

Kameraman: Stüdyo çalışmalarında genellikle çok sayıda kameramandan oluşan bir kamera ekibi vardır. Stüdyoda kamera ekibi doğrudan yönetmene bağlı olarak çalışmakla beraber teknik yönetmene karşı da sorumlulukları vardır. Dış çekimler genel olarak bir kameramanla gerçekleştirilir. Bazı dış çekimlerde yapımlarda ise birden çok kameraman da görev alabilir.

Görüntü Yönetmeni: Görüntü yönetmeni kamera ve ışık ekibinin şefidir. Yönetmenle birlikte kamera ve ışık konularında kararlar verir. Yönetmen görüntü yönetmenine programın nasıl gözükmesini istediğini yani, görsel yapısını anlatır. Görüntü yönetmeni de buna göre kamera ve aydınlatma çalışmasını ekibiyle birlikte yapar. Aynı zamanda görüntü yönetmeni sanat yönetmeni ile doğrudan görüşür.

Stüdyo Mühendisi: Stüdyonun tüm teknik ayarlarından ve kayıt/yayın öncesi teknik hazırlıklardan sorumludur.

Teknik Yönetmen: Stüdyoda bütün iletişim kanallarının ve teknik olanakların sağlanmasından sorumludur. Teknik sorunları çözer. Yapım ile teknik personel arasındaki sorunları çözmeye çalışır.

Stüdyo Yönetmeni (Stüdyo Şefi): Stüdyonun güvenliğinden, disiplininden ve işleyişinden sorumludur. Provanın/kaydın zamanında başlamasını sağlar ve yapım sırasında yönetmenin komutlarını oyunculara ve setteki herkese iletir.

Resim Seçici: Resim seçicinin görevi görüntü geçişlerini yapmak ve bazı elektronik görüntü efektlerini ayarlamaktır.

Sesçi: Program için gerekli sesleri dinlemek ve kaydetmek sesçilerin temel görevidir.

Işıkçı: Programın aydınlatmasını yapan kişidir. Genellikle bir ışıkçı stüdyoda ışıkları ayarlarken diğer ışıkçı ışık yönetim odasında ışık masasını yönetir. Işıkçılar görüntü yönetmeniyle ve kameramanlarla yakın iş birliği içinde çalışır.

Makyajcı: Programın niteliği ne olursa olsun ekrana çıkan herkese makyaj yapmak gerekecektir. İnsan cildinin yağlı olması nedeniyle her şeyden önce parlamaların engellenmesi gerekmektedir. Ayrıca çıplak gözle bakıldığında kişilerin görüntüsü ile elektronik kamerayla elde edilen görüntü değişik olmaktadır. Bu yüzden her zaman özellikle stüdyo yapımlarında bir makyaj uzmanına ihtiyaç olacaktır. Provalar ve kayıtlar sırasında makyajcı aydınlatma sorumlusu ile birlikte bir monitörden makyaj kontrolünü yaparlar ve gerekirse yeni düzeltmelere gidilir.

• Program Hangi Mekânlarda Çekilecek?

Televizyon programlarında çekimlerin tamamı ya televizyon stüdyolarında veya dış mekânlarda (dış çekim) ya da bunların ikisinin karışımı olarak programın bazı bölümleri stüdyoda, bazı bölümleri ise stüdyo dışında gerçekleştirilir. Program yapımında mekân seçimi yapım öncesi aşamada özenle belirlenmelidir. Program yapımcısı gerçekleştirmeyi düşündüğü program için en doğru mekânın/mekânların neresi olduğunu program içeriği, türü, hedef izleyicisi, mali olanaklar vb. ögeleri göz önünde tutarak belirlemelidir. Söz edilen bu ögelerin değerlendirilmesiyle yapım öncesi planlama aşamasında çekim mekânları belirlenmiş olacaktır.

Televizyon programlarında kullanılacak mekânlar kişiler ve nesneler kadar önemlidir. Mekânların seçiminde konu kadar teknik olanakların da birlikte düşünülmesi gerekir. Wurtzel, Baddeley ve Zettl mekânların belirlenmesinde ve seçiminde başarı önceden yapılan araştırmaya bağlı olduğunu söyler. Kullanılmak üzere seçilen mekân önceden bilinse bile bir fotoğraf makinesi, amatör kamera hatta bir cep telefonu ve bir kontrol listesiyle çekim öncesi bir araştırma gezisinin yapılarak mekânın görüntü kayıtlarının yapılarak notlar alınmasında sayısız yarar vardır. Yapılacak araştırma gezisinde mekân durumunun sorgulanması daha iyi bir yer olup olmadığının araştırılmasını gerektirebilir[(40)].

---

40 Naci Güçhan. **Sistem Yaklaşımı İle Televizyon Eğitim Programı Yapımı-Açıköğretim Fakültesi Örneği**, Anadolu Üni., Yayınları No: 286, Eskişehir, 1988, ss. 61-62.

- Mekân programın çekimi için uygun mu yani programın amaçlarına uygun mu? Değilse uygun hâle getirmek için ne yapılabilir?
- Mekânı kullanmak için izin alınabilecek mi? Kimden? Ne zaman? Ne kadar süreyle?
- Mekânı kullanmada sınırlılıklar nelerdir? (Dışarıdan istenmeyen sesler geliyor mu, tavan yüksekliği yeterli mi vb.)
- Doğal ışık kullanılacak mı? Kullanılacaksa güneşin çekim için uygun olacağı zaman hangi saattir?
- Yapay ışık kaynakları kullanılacak mı? Kullanılacaksa mekânda buna uygun altyapı var mı? Işık kaynakları rahatça yerleştirilebilecek mi, yeterli güçte elektrik var mı, ne kadar kablo gerekli?
- Kameralar nereye konulacak? Ray döşenecekse mekân buna uygun mu?
- Çekim ekibinin mekânda yemek ihtiyaçları karşılanabilecek mi? Nasıl ve ne zaman?
- Çekim ekibini çekimi izleyenlerden ayırmak için bir önlem almaya gerek var mı? Varsa bunu kim yapacak?
- Hangi tür objektifler kullanılacak? (Mekân küçükse geniş açılı objektif gibi.)
- Hangi tip mikrofonlar gerekecek? Mikrofonlar için ne kadar uzunlukta kablo gerekecek?
- Elektrik enerjisi nereden alınacak?

• Programda Hangi Nesneler (Eşyalar) Kullanılacak?

Televizyon programlarının çoğunda kullanılan çeşitli nesneler programın vazgeçilmez ögelerindendir ve yapımlarda programın gerektirdiği nesnelere yer verilir. Giysi, aksesuar vb. çeşitli eşyalar. Örneğin stüdyoda iki kişinin karşılıklı konuşmasından oluşacak karmaşık olmayan bir programda bile bir masa, iki sandalye, fonda bir dekor, masa üstünde yer alacak bazı malzemeler, belki bir çiçek saksısı vb. gerekecektir. Yapım öncesinde programda kullanılacak nesnelerin bir listesi yapılarak sağlanması yoluna gidilmelidir. Unutulmamalıdır ki çekim gününde her an bu malzemeleri bulmak o kadar kolay değildir.

- **Programda Hangi Ses, Grafik ve Arşiv Malzemeleri Kullanılacak?**

Televizyon stüdyolarında gerçekleştirilen programlarda ses, genellikle görüntü ile birlikte kaydedilir. Ancak bazen, ayrı kayıt ve düzenlemeler de gerekebilir. Örneğin ses efektleri ya da önceden kaydedilmiş sesler, program müzikleri gibi. Dış çekimlerde ise konuşma sesleri görüntü ile birlikte kaydedilir. Buna doğal ortam sesleri de eşlik edebilir. Bu çekimlerde de ses efektleri ve müzikler ya da önceden kaydedilmiş sesler programın kurgusu sırasında eklenebilir. Programın yapım öncesi aşamasında programda kullanılacak ses malzemelerinin belirlenmesi ve çekim için bunların hazırlanması gerekir.

Televizyon programlarında çeşitli nedenlerle grafik malzemeleri kullanılır. Bunların bazıları konunun anlatımına katkı sağlarken bazıları programa etkili bir görsellik katacaktır. Programda kullanılması düşünülen grafik malzemelerinin de bir listesinin yapılarak önceden hazırlanması yapım öncesinde yapılması gereken işlerdendir.

Program yapımında daha önceden çekilmiş bazı video görüntülerden, fotoğraflardan, ses kayıtlarından vb. yararlanılabilir. Bu malzemeler televizyon kuruluşlarının kendi arşivinde bulunabileceği gibi başka kaynaklardan da elde edilebilir. Bunlar programcının zamandan ve paradan tasarruf etmesini sağlar.

- **Programda Hangi Teknolojik Araç Gereçler Kullanılacak?**

Televizyon programları yapım sürecinde gelişmiş bir teknolojinin kullanımı söz konusudur. Senaryoya uygun çekimlerin gerçekleştirilmesi ancak gerekli teknolojik araç gereç ve bunları kullanacak ekibin düzenlenmesi ile mümkündür. Yapım öncesi aşamada hazırlanacak program için gerekli teknik hazırlıkların tamamlanması gerekir. Yapılacak teknik hazırlıklar programın senaryosu, nerede çekileceği (stüdyo, dış çekim vb.), bütçesi, türü vb. özellikleri dikkate alınarak yapılır. Buna göre kamera, mikrofon, ışık kaynakları, ses malzemeleri gibi yapım için gerekli her türlü teknik malzemenin listesi yapılarak bunlar çekim için hazır hâle getirilir.

Program Bütçesi

Televizyon program yapımı oldukça pahalı bir iştir. Her şeyden önce program yapımı pahalı bir teknolojik araç gerecin kullanımıyla gerçekleştirilir. Programda kullanılacak araç gereç (kamera, ışık, mikrofon, vb.), malzeme (giysi, dekor, aksesuar, grafik vb.) ulaşım masrafları, konaklama, yiyecek-içecek giderleri, kiralar (mekân kirası, eşya kirası vb.) programda görev alan program ekibi ve diğer kişiler (oyuncu, konuk vb.) gibi kalemler program bütçesine dâhil edilecek maliyet kalemleridir. Özellikle ticari bir işte kar edebilmek için gelir-gider kalemlerinin ayrıntılı olarak hesaplanması gerekir. Bunun için de her programın ayrıntılı biçimde bütçelendirilmesi gerekir. Program önerisi için hazırlanan tahmini bütçenin bir program önerisinin kabul edilip edilmemesinde en önemli etkenlerin başında geldiği unutulmamalıdır.

Program bütçesi, aslında bir yapıma maliyet yükleyen yani, bir gider oluşturan her bir kalemin tek tek yazıldığı bir listeden başka bir şey değildir. Her programın kendine özgü yapısına göre gider kalemleri de değişiklik gösterecektir. Gerçekçi bir bütçenin hazırlanabilmesi için önce program projesini ayrıntılarıyla düşünüp geliştirmek, sonra bu proje için gerekli tüm harcama kalemlerinin bir listesi üzerinde çalışmak gerekir.

Program bütçesinden tamamen yapımcı sorumludur. Tahmini bütçeyi yapmak, yetkililere onaylatmak ve her türlü harcama yetkisi yapımcıya aittir.

Bütçe işine önce kabaca bir yapım takvimi çıkararak başlamak en iyi yoldur. Yapım takvimi çıkarılırken dekor yapımı, çekim, izleme, kurgu gibi işlemler için gereken zamanlarla ilgili gerçekçi varsayımlarda bulunmak gerekir. Gerçekçi bir yapım takvimi oluşturmak bilgi ve deneyim meselesidir. Yapım aşamalarının her birinin ne kadar süreceğinin iyi tahmin edilmesi gerekir.

Bütçe için masraf kalemleri çıkarılırken ilk olarak personelden başlanılır. Bütçeye yapım için gerek duyulan personelin tümü yazılır: Yazar, yapımcı, yönetmen, kameraman, ışıkçı, oyuncu, sesçi vb. Daha sonra teknolojik araç gereçler ve diğer maliyet kalemleri çıkarılır (programda kullanılacak araç gereçler: kamera, ışık, mikrofon, vb.) Son olarak diğer yapım ve teknik giderlerin listesi çıkarılır: Stüdyo ve mekân, ses, grafik, dekor ve aksesuarlar, makyaj, giysi, ulaşım, konaklama, yiyecek-içecek, kiralama (mekân kirası, eşya kirası, vb.), telif ücretleri, büro giderleri (kâğıt, kalem, fotokopi vb.), sigorta, telefon, büro giderleri gibi yapımla ilgili diğer maliyet kalemleri sıralanır. En son olarak tüm gider kalemlerinin toplamına %10-15 beklenmeyen giderler kalemin eklenmesiyle bütçe oluşur. Hazırlanacak bütçede tüm bu gider kalemleri ayrıntılı olarak kağıda dökülüp bütçelendirilmelidir.

Bir yapımcının yapıma ilişkin her şeyi bütçeye dâhil ettiğinden emin olması gerekir. Burada ekibin içeceği çay, kahveden program konuklarının taksi ücretlerine kadar her türlü ayrıntı düşünülmelidir. Çünkü her ayrıntı para demektir. Bütçe her şeyden önce gerçekçi bir yaklaşımla piyasa koşullarına uygun eksiksiz bilgiyle, yapım süreci ayrıntılı olarak gözden geçirilerek kapsamlı bir bilgiyle hazırlanmalıdır.

Yapım Öncesinde Yapılan Yapım Toplantıları

Yapım toplantıları, çekimler başlamadan önce yapımın "anahtar kişileri" diyebileceğimiz kişilerle (yapımcı, yönetmen, yazar, görüntü yönetmeni sanat yönetmeni vb.) gerçekleştirilen toplantılardır. Bu toplantılarda temel amaç; başlıca yapım, hizmet ve teknik konulardaki görevlilerin bir araya getirilmesi ve bu kişileri program hakkında bilgilendirmektir. Yapılacak yapım toplantılarında ihtiyaca göre farklı farklı ekip üyeleri bir araya getirilebilir. Yapım toplantılarında düşüncelerin paylaşılması ve önerilerin dikkate alınması bakımından yararlı toplantılardır. Çekimler başlamadan önce yapılan bu toplantılarda programa ait sorunlar ya da doğması olası sorunlar önceden tartışılarak çözüm önerileri getirilir. Yapım toplantıları yaparak insanların ne yapması gerektiğini bildiğinden emin oluruz. Birden fazla yapılabilen yapım toplantılarında program ekibi son gelişmeler ya da değişiklikler hakkında bilgilendirilmiş olur.Bu yapım toplantıları son derece önemlidir. Sorunlar ya da doğabilecek sorunlar düşünülüp tartışılır ve gereken önlemler önceden alınmış olur. Hazırlık aşamasında sorunları çözmek çok daha kolay olur. Eğer bir yapım için hazırlık çalışmaları dikkatlice ve ayrıntılı olarak yapılmışsa beklenmedik sorunlarla karşılaşılması her zaman mümkündür. Yapım sırasında karşılaşılacak bir sorun ise yapımı geciktirebilecek, çalışmaları zorlaştıracak, maliyetleri yükseltecektir. Gereken hazırlıklar yapılmış ve dikkatlice planlanmış yapımlarda bile çeşitli sorunlar çıkabilir.

2. Televizyon Programlarında Yapım (Çekim) Aşaması

Programın senaryosuna göre çekimlerin yapıldığı aşama "yapım (çekim) aşaması" olarak isimlendirilir. Kılıç, televizyona uyarlama olarak tanımladığı yapım (çekim) aşamasını şöyle açıklar[41]: Programın çekimleri

[41] Levend Kılıç,**Televizyon Eğitim Programlarında Yapım Yönetim**, Anadolu Üniversitesi Yay.,No:233 ,Eskişehir,1987,s. 51-52.

yapım süreci içinde senaryonun oluşturulmasından sonra başlar. Program yapım sürecinin yapım öncesi aşamada planlama ve hazırlık çalışmalarının tamamlanmasından sonra hazırlanacak televizyon programının senaryosu yazılmış ve yapıma ait diğer hazırlıklar tamamlanmıştır. Bundan sonra yapılması gereken, programın senaryosunun televizyon diline uyarlanması, diğer bir deyişle senaryonun televizyon programı hâline dönüştürülmesidir. Programın temel fikri senaryo ile yazılı bir metne, çekimler ile de televizyona uyarlanır. Bu aşamada artık çekimler başlar. Yapım aşamasına bu nedenle çekim aşaması da denir. Bir televizyon programının çekimi denildiğinde senaryonun televizyon teknolojisi kullanılarak "görüntü" ve "ses"e uyarlanması anlaşılır. Senaryo yazarının zihninde canlandırıp yazılı metine dönüştürdüğü olaylar, nesneler, durumlar çekim sürecinde kameranın ve sesin yaratıcılığı ile televizyon programı şekline dönüşür.

Bir televizyon programının çekim aşaması, yönetmenin yapım süreci içinde en etkin olduğu aşamadır. Televizyon programlarının yapımında tüm çabalar ve çalışmalar yönetmenin becerisiyle son bulur. Çekim aşamasında yönetmenin işi oldukça zordur. Çünkü yönetmen çok sayıda kişiden oluşan bir ekiple, karmaşık bir teknolojik araç gereçle ve de bir sanatçı duyarlılığı ile çalışmak durumundadır. Bir televizyon programının çekimi denildiğinde senaryonun televizyon teknolojisi kullanılarak görüntü ve sese uyarlanması anlaşılır.

Televizyon programlarının çekimleri ya televizyon kuruluşlarında bulunan stüdyolarda, ya stüdyo dışında (dış çekim) ya da programın bir bölümü stüdyoda bir bölümü ise stüdyo dışında olacak şekilde yapılabilir.

1. Çekimleri Stüdyoda Yapılan Programlar

Kılıç, stüdyo yapımları için bir televizyon kuruluşlarında bulunan temel ünitelerin (a) Stüdyo, (b) Kontrol Odası, (c) Kayıt-Kurgu ünitelerinden ve bu ünitelerdeki program yapım araç gereçlerinden oluştuğunu belirtir[(42)].

a. Stüdyo

Stüdyo, televizyon programının çekimlerinin gerçekleştirildiği tabanı, tavanı, duvarları özel olarak düzenlenmiş ve genellikle dikdörtgen şeklindeki bir mekândır.

---

42 **A.g.e.**, ss. 46-50.

Bir televizyon stüdyosu;

- Kameralar, bağlantı kabloları ve ek donanımları,
- Aydınlatma kaynakları ve taşıyıcı sistemleri,
- Mikrofonlar ve ek donanımları,
- Dekorlar,
- Stüdyo monitörleri,
- İç haberleşme (intrcom) sisteminden oluşur.

Stüdyolarda yukarıda sayılan malzemeler ve bunları kullanan görevliler, stüdyo yönetmeni ve de program konukları bulunur.

b. Kontrol Odası

Bir televizyon sisteminde kontrol odası görüntü ve sesle ilgili tüm düzenleme, kontrol ve dağıtım işlemlerinin yapıldığı ünitedir. Teknik açıdan televizyon programının gerçekleşmesinde tüm süreci harekete geçiren ve denetleyen bir işlev görür. Kontrol odası bir anlamda sistemin beynidir. Kontrol odaları genellikle stüdyoların hemen yanında bulunur.

Bir kontrol odasına girildiğinde ilk olarak çok sayıda televizyon alıcısı dikkatimizi çeker. Bunlara "monitör" adı verilir. Televizyon programının görsel bütünlüğünü oluşturacak hareketli, durağan görüntülerin tümü kontrol odasındaki monitörlerden izlenir. Bir kontrol odasında temel olarak; kamera monitörleri, ön izleme monitörü, çıkış monitörü ve diğer görüntü kaynaklarına bağlı monitörler bulunur.

Kamera monitörleri, stüdyoda çekimde kullanılan kameraların görüntülerini veren monitörlerdir. Stüdyodaki her bir kameranın görüntüsünü ayrı bir monitör verir.

Ön izleme monitörü herhangi bir görüntünün ya da görsel efektin, yazının vb. yayına ya da kayda gönderilmeden önce düzenlendiği, kontrol edildiği monitördür. Ön izleme monitörüne hazırlık monitörü de denilir. Çıkış monitörü canlı yayınlarda yayına, kayıtlarda ise kayıt ünitesine gönderilen görüntüyü veren monitördür.

Kontrol odasında bulunan bir başka monitör olan yayın monitörü ise, televizyon kuruluşunun o anda yayınladığı programın izlendiği monitördür.

Kontrol odasında iki temel kontrol ünitesi bulunur: Görüntü kontrol ünitesi ve ses kontrol ünitesi. Bazı televizyon stüdyolarında aydınlatmaya ait çeşitli düzenlemelerin yapıldığı aydınlatma kontrol ünitesi de kontrol odasında bulunmaktadır.

Kontrol odasındaki monitörlerin tümü görüntü kontrol ünitesine (resim seçme masası) bağlıdır. Bu ünite içinde monitörlerdeki görüntülerin senaryoya göre görsel düzenlemesi (görüntüsel geçişler), resim seçme, özel efektler ve bunların teknik düzenleme işlemleri görüntü kontrol birimleri tarafından gerçekleştirilir. Resim seçme masasını kullanan kişi "resim seçici"dir.

Kontrol odasında bulunan ses kontrol ünitesinde programda kullanılan tüm ses kaynakları ve ses efektlerinin düzenlemesi yapılır. Bu ünitenin görevlisi aynı zamanda televizyon programının ses sorumlusudur.

Kontrol odası yönetmen, yönetmen yardımcıları, teknik yönetmen, resim seçici, sesçi ve diğer teknik görevlilerin çalıştığı yerdir.

c. Kayıt Kurgu Ünitesi

Kayıt ünitesi, kontrol ünitesinde senaryoya göre teknik ve estetik düzenlemeleri yapılan görüntü ve sesi kayıt eden cihazların bulunduğu ünitedir. Küçük televizyon kurumlarında ya da yapım merkezlerinde kayıt ve kurgu ünitesi birleşiktir ve hem kayıt hem de kurgu işlemleri aynı birimde gerçekleştirilir. Büyük televizyon kurumlarında ise kurgu ünitesi, çekim sonrası işlemlerinin yapıldığı ayrı bir ünite hâlindedir.

2. Çekimleri Stüdyo Dışında Yapılan Programlar

Dış mekânda gerçekleştirilecek yapımlarda yapımın özelliğine göre kameralar, mikrofonlar, aydınlatma kaynakları vb. çok sayıda ve türde çekim malzemesi kullanılır. Benzer şekilde yapımın özelliğine göre yapım ekibi görev yapar. Örneğin dış çekimlerden oluşacak bir haber programında bir kamera ve sehpası, bir mikrofon çekim malzemesi olarak yeterli olabilir. Bu programın çekimleri de bir kameraman ve bir muhabirle yapılabilir. Ama örneğin bir televizyon dizisinin dış çekimlerinde birden çok sayıda kamera, çok değişik türde ışık kaynakları, değişik objektifler, filtreler, kamera kaydırma sistemleri, boom mikrofon vb. çok çeşitli teknik malzemeye gereksinim duyulabilir. Tahmin edileceği gibi böyle bir yapımın çekim ekibi de oldukça fazla sayıda insanlardan oluşacaktır.

Dış çekimlerden oluşan yapımlarda kurgu çalışmaları ağırlık kazanır ve yapım kurgu sonucunda ortaya çıkar. Örneğin belgesel yapımlar, televizyon dramaları çoğunlukla dış çekimlerden oluşan yapımlardır.

3. Çekimleri Stüdyoda ve Stüdyo Dışında Yapılan Programlar

Bazı televizyon programlarının çekimlerinin bir bölümü stüdyoda, diğerleri dış mekânda yapılmaktadır. Örneğin sağlıkla ilgili yapılacak bir programın çekimleri bir doktor ve sunucunun katılımıyla karşılıklı konuşma hâlinde stüdyoda yapılırken aralara daha önceden hastanede hastalarla yapılmış ve kurgulanmış dış çekimler yerleştirilerek program tamamlanır.

3. Televizyon Programlarında Yapım (Çekim) Sonrası Aşama: Kurgu ve Yapılacak Diğer İşler

Kurgu aşamasına gelinceye kadar yapılan tüm çalışmalar bir ham maddede hazırlamaktan ibarettir.

Yapım sonrası aşama denildiğinde genellikle programın kurgusunun gerçekleştirildiği süreç akla gelir. Çekimleri yapılan program çekim sonrasında kurgu işlemiyle tamamlanır.

Kurgu, bir televizyon programının hazırlanması sırasındaki önemli aşamalardan biridir. Bir televizyon yapımı çok sayıda ayrı çekimden oluşur. Çeşitli zaman ve mekânlarda kaydı yapılan bu çekimler arasında seçim yapmak, bunları senaryoya uygun olarak arka arkaya dizmek, gerekirse sıralarını değiştirmek, bu çekimlerin uzunluklarını (ekranda kalma sürelerini) belirlemek ve bunları belirli bir anlatıma göre düzenlemektir. Çekim sonrasında görüntülerin yanı sıra programın ses ve müzik birleştirmeleri de yapılır. Anlaşılacağı gibi kurguda temel olan şey, bir seçim ve düzenleme işidir.

Bir programın çekimleri bittiğinde program yapımcısının elinde çok sayıda çekim vardır. Televizyon program yapımcısının kurgu sürecinde yapacağı ilk çalışma, bu çekimleri senaryodaki sıralarına göre yerleştirmek üzere arka arkaya eklemektir. Bu işlem sonunda "kaba kurgu" meydana gelir. Bundan sonra "ince kurgu" ve sonunda da asıl "program kurgusu" gelir.

Kesim kurgunun temel işlevlerini şu şekilde özetler[43]:

1. İstenmeyen görüntüler ayıklanarak ayrılır.
2. Sistemin olanakları ölçüsünde görüntü ve seslerin gerekli görülen yerleri düzeltilir.
3. Yukarıdaki çalışmalar sonucunda istenilen program oluşturularak ana program hazır hâle getirilir.

Yukarıda sayılanlar kuşkusuz çekimleri yapılmış ve daha sonra kurgusu yapılacak ham görüntülerin kurgusu için geçerlidir. Bir canlı yayında kurgu işlemleri görüntü kaynakları arasında (kameralar vb. diğer görüntü kaynakları) geçişlerin sağlanması, elektronik efektlerin ayarlanması vb. çekimler sırasında gerçekleştirilmiş olur.

Yapımın bir bütün hâline gelebilmesi için çekimler kurguda devamlılığı sağlayacak şekilde eklenmelidir. Yapımın devamlılığını sağlayan ana etmen düşüncedeki devamlılıktır. Ancak bundan sonra yapım tekniği olarak göze hoş görünen devamlılık beklenir.

Kurgu işlemi, ilk bakışta bütün çekimlerin tamamlanması yani, yapımın çekimlerinin sona ermesiyle başlar gibi gözüküyorsa da aslında kurgu daha çekim senaryosu hazırlanırken, hatta daha önce yönetmenin kafasında gerçekleştirilir. Yani, daha kurgu gerçekleştirilmeden kurguyu tasarlamak ve çekim senaryosunu ileride yapılacak kurguyu göz önüne alarak hazırlamak gerekir. Yoksa çekim aşamasında gelişi güzel çekimler yapılarak kurguyla tam bir başarıya ulaşmak mümkün değildir. Kurgu aşamasına gelinceye kadar yapılan tüm çalışmalar bir ham maddede hazırlamaktan ibarettir ve işin en önemli diğer bir kısmı da kurguyla başlar.

Yapım sonrası aşamada kurgu çalışmalarının dışında başka yapılacak işler de vardır. Örneğin çekimlerde kullanılmak üzere temin edilmiş malzemelerin depoya kaldırılması ya da iade işleri, program bütçesine ait gereken ödemelerin yapılması, programa malzemenin arşivlenmesi, programın tanıtım ve reklam faaliyetlerinin yapılması vb. işler yapım sonrası aşamada yapılan işlerdendir.

43 Mehmet Kesim, **Televizyonda Görüntü Alma ve Saklama Sistemleri-İletişim Teknolojisindeki Yeri ve Önemi**, Anadolu Üniversitesi Yay., No: 270, Eskişehir, 1988, ss. 80-81.

III. BÖLÜM

TELEVİZYONDA GÖRÜNTÜ, HAREKET VE SES

Görüntü, ses ve hareket sinema, televizyon ve video yapımlarını oluşturan temel ögelerdir. Bu üç öge birlikte televizyon dilini oluşturur. Televizyonda izleyicinin dikkatini programa çekmek ve programı etkileyici ve izlenir kılmak için görsel ve sözel ögelerin özenle kullanılması gerekir. Sinema, televizyon ve video esas olarak görsel iletişim aracı olması ve görüntüsel anlatıma dayanması nedeniyle bu bölümde önce görüntü kavramı ele alınmış ve daha sonra yapımları oluşturan diğer temel ögelerden ses ve hareket ögeleri incelenmiştir.

Televizyonda Görüntü ve Görüntüsel Anlatım

Sinema, televizyon, video ve fotoğraf görüntüyü kullanan, mesajını görüntülerle aktaran iletişim araçlarıdır.

Görüntüler insanın düşüncesini aktarmakta kullandığı ilk araçtır. Biz bu ilkel düşünceleri taşlara, mağaralarının duvarına ya da yüksek yarların yamaçlarına kazınmış olarak buluyoruz. Bir at görüntüsünü anlamak Türk kadar bir Finli için de kolaydır. Görüntü evrensel bir simge, hareket eden görüntü ise evrensel bir dildir[(44)].

Bütün sanatların amacı; insanları etkileyen, onların duygularını çeşitli yönlerden uyaran, onları belirli bir tepkiye yönelten bir eser ortaya koymaktır. Bu ürün, bu yapıt her sanat dalında değişik malzemelerle meydana getirilir[(45)]. Arnheim'e göre her sanat dalında bir "asıl" malzeme vardır ve bu tiyatroda söz yani "ses"tir, operada müziktir, resimde renktir. Sinemada ise etkin olan öge görüntüdür[(46)]. Kuşkusuz görüntü

---

44 D.W. Griffith, **"Sinema, Modern Sanatın Mucizesi"**, Çev., Nijat Özön, Türk Dili Sinema Özel Sayısı, Cilt17, Sayı: 196, A.Ü. Basımevi, Ankara, 1968, s. 392.

45 Nijat Özön, **100 Soruda Sinema Sanatı**, Gerçek Yayınevi, İstanbul, 1972, s.9.

46 Naci Güçhan. **"Bir Film Kuramcısı: Rudolf Arnheim"**, Kurgu Dergisi, Sayı 4, s. 214, Eskişehir, Ekim, 1981.

televizyonun, videonun ve fotoğrafın da temel malzemesidir. Sinema, televizyon, video ve fotoğraf alanında çalışanlar yapıtlarını görüntülerle oluştururlar, düşüncelerini, duygularını, anlatmak istediklerini görüntüler aracılığıyla seyircisine, izleyicisine aktarırlar. Bir sinema filmi, televizyon ya da video yapımı iletmek istediği mesaja ilişkin olarak görüntü dizileriyle izleyici üzerinde belirli bir etki oluşturur. Görüntüsel anlatımda görüntüler esas olarak bir iletişim işlevini gerçekleştirir. Bu araçlarla yapılan şey, ortaya çıkarılan ürün aslında bir iletişim etkinliğidir. Bu iletişimin ancak etkili bir biçimde gerçekleştirilmesi hâlinde amaçlanan sonuca ulaşılabilir. Örneğin bir çekimdeki istenmeyen sallantılı bir kamera hareketi, netsiz ya da karanlık görüntüler, duyulmayan sesler vb. durumlar iletişimin etkili bir şekilde gerçekleşmesini engelleyerek mesajın algılanmasında sorun yaratabilecektir.

Her sanat dalı anlatmak istediklerini, mesajını daha etkili, daha uyarıcı kılmak için o sanat dalına özgü çeşitli yöntemlere başvurur, çeşitli ögelerden yararlanır. Sinema, televizyon, video kendine özgü anlatım yoluyla ve diliyle dikkat çeker. Bu dil ancak yetkin bir biçimde kullanıldığında bir sanatın ürünleri ortaya çıkar. Görüntü dilini, film dilini tam olarak anlayabilmek için onun görsel yapısına ilişkin ilkelerin bilinmesi gerekir.

Görüntüyü temel malzeme olarak kullanan iletişim araçları görüntülerini amacına en uygun bir biçimde oluşturmaya çalışır. Görüntülerini oluştururken de görüntüyü oluşturan ögelerden yararlanır. Görsel ögeler düşünceyi görüntüleştirmede yararlanılan ana malzemelerdir.

Görüntüyü Oluşturan Ögeler

Görüntüsel anlatıma dayanan iletişim araçlarında fotoğraf ve sinema sanatçıları, televizyon program yapımcıları istediği konuyu en etkili biçimde işleyebilmek, görüntüye dönüştürebilmek için çerçeve, çerçeveleme, kamera yüksekliği, çekim ölçeği, görüş noktası, kamera açısı, görüntü düzenlemesi, aydınlatma, renk, hareket, optik kurallar, görsel efektlerden vb. ögelerin yarattığı etkilerden yararlanır ve eserine öz ve biçim bakımından en uygun yapıyı oluşturmaya çalışır. Temel malzeme olarak görüntüyü kullanan sinema, fotoğraf sanatçısı, televizyon programcısı görüntüyü oluşturan bu ögeleri amacına, yaratmak istediği etkiye göre seçer ve düzenler. Örneğin, bir nesnenin ya da bir insanın çok değişik şekillerde çekimleri yapılabilir. İnsanı ya da bir nesneyi görüntülerken kamerayı konunun tam karşısına yerleştirebiliriz ya da açılı bir şekilde yerleştirebiliriz. Çekimi doğal ortam ışığı altında yapabiliriz ya da ek bir ışık kaynağı ya da birden çok ışık kaynağı kullanabiliriz. Geniş açılı bir objektif ya da dar açılı objektif kullanabiliriz. Konuyu alt açıdan görüntüleyebiliriz ya da üst açıyı kullanabiliriz vb. Yapılan her bir seçim ve düzenleme değişik değişik görüntü biçimlerini ortaya çıkaracaktır. Bu farklı görüntü biçimlerinin tümü izleyici üzerinde aynı etkiye sahip olacak mıdır? Güngör, görüntünün yukarıda söz edilen değişkenlerin sonsuz sayıda düzenleme ve seçim olanağı, gösterilen şeyin de sonsuz sayıda değiştirilebilmesine, dolayısıyla da görüntüyü kullanan iletişim araçlarında gösterilen şeyden çok onu gösterme biçiminin önem kazanmasına neden olduğunu söyler[47]. Örneğin, özel bir aydınlatma biçimi ile ya da bir kamera açısıyla bir nesneyi, bir kişiyi önemsizleştirmek ya da bunun tam tersi, önem kazandırmak, dikkati çekmek mümkündür. Benzer biçimde aydınlatmanın, objektiflerin yardımı ile beklenmedik perspektifler oluşturarak endişe, gerilim, sıkıntı gibi atmosferler yaratılabilir. Sonuç olarak, anlatılmak istenen konu ne kadar önemli olursa olsun onu iletme yeteneğinden yoksun bir "biçimle" başarılı olunması ve etkili bir yapıtın ortaya çıkmasının beklenemeyeceğini söyleyebiliriz. Tarkovski'nin dediği gibi "Bir sanat eseri, her şart altında düşünceyle biçimin organik işbirliğidir"[48].

Yukarıda söz edilenlere göre görüntülerin izleyiciyi iki açıdan etkilediğini söyleyebiliriz: İçerik ve içeriğin aktarılma biçimi. Künüçen, sinema ve televizyonda yalnızca "ne" anlatılacağının değil "nasıl" anlatılacağının da önemli bir konu olduğunu vurgular. Bir görüntünün "neyi" gösterdiği kadar "nasıl" gösterdiği hem biçim hem de içerik açısından önem taşır. Görüntüyü oluşturan ögeler bir yandan biçimi oluştururken diğer yandan bu biçimle bağlantılı olarak içeriği de etkilerler, oluştururlar. Diğer bir deyişle, bu ögeler içsel bir içeriğe de sahiptir ve her biçimin, biçimi oluşturan her bir ögenin içsel bir içeriği, sembolik anlamları vardır. Artık günümüzde mesaj kadar mesajın aktarılma biçiminin yani, görüntüyü oluşturma biçiminin önem kazandığını görüyoruz. Görüntü,ancak sanatsal bir biçime dönüşerek görsel algıyı oluşturmada başarılı olabilir. Bir yönetmen ne

47 A. Şefik Güngör, **Sinemada Görüntü Yönetmeni**, Kitle Yayınları, Ankara, Şubat 1994, ss. 11-12.

48 Andrey Tarkovski. **Mühürlenmiş Zaman**, Çev., Füsun Ant, Afa Yayınları, İstanbul, 1992, s. 31.

çekeceğinin kararını verdikten sonra bunu nasıl çekeceği ve çektiklerini "nasıl" sunacağı konuları üzerinde yoğunlaşır[49]. Bu da bizi görselleştirme ve görüntüleme kavramlarına götürür.

Görselleştirme ve Görüntüleme

Görüntünün anlattığı ile anlatma biçimi zaman içinde kişisel üsluplara göre değişmiştir ve değişecektir, değişmeyen görüntünün üstünlüğü ve dildir. Kılıç görüntüyle ekranda bir dünya yaratma diğer sanatlarda olduğu gibi kişisel olduğuna vurgu yapar. Yönetmen (video sanatçısı) görüntüyü oluştururken, görüntü boyutunu yaratırken konuyu kendi görselleştirme süzgecinden geçirir. Görselleştirme zihinsel bir süreçtir. Yönetmen bunu zihnindeki gözüyle yapar. Görselleştirme, yapımı bütün olarak değil en küçük parçaları hâlinde, çekimler olarak zihninde görebilme yeteneğidir[50].

Görselleştirme, düşünce ve sözcüklerin bir bütünlük içinde bireysel görüntülere dönüştürülmesidir. Yani görselleştirme yapımın bütün görüntülerini bir arada değil tek başlarına (zihinsel gözle) görebilme yeteneğidir. Yönetmenin, zihnindeki gözüyle, görselleştirme yapması oldukça güç bir iştir. Örneğin, kamera karşısındaki bir nesnenin ya da kişinin çok sayıda görselleştirme biçiminin olduğu açıktır. Kamera konuya göre farklı farklı açılarda yerleştirilebilir. Kamera farklı farklı yüksekliklerde bulunabilir. Konu farklı farklı büyüklüklerde görüntülenebilir vb. Kuşkusuz yönetmen amacına en uygun görselleştirmeyi yapmaya çalışır.

Görselleştirmenin amacı, bireyleri, nesneleri, hareket ve tepkileri olduğunca karmaşıklıktan uzak, açık bir şekilde göstermek, sırası gelince istenilen anlam ve düşünceyi yansıtacak şekilde izleyiciye aktarmaktır.

Görüntüleme, tek tek görüntülerin (çekimlerin) belirli bir anlam ifade edecek şekilde arka arkaya eklenerek düzenlenmesidir. Yani çekimlerin, sahnelerin ve ayrımların birbirini izleyerek bir bütünü (yapımı) oluşturacak şekilde düzenlenmesidir. Görüntüleme, uygun bir görüntüler dizisi, bir çekim dizisidir. Görüntüleme, süreklilik içinde birbirini izleyen televizyon görüntülerini, televizyon dilini ya da birbirini izleyen çekimleri içerir. Görüntülemeyle televizyon dili oluşturulurken hareket de yaratılır. Hareket konusuna ileride ayrıca değinilecektir.

49 A. Şükrü Künüçen. **"Sinema ve Televizyonda Teknolojinin Önemi"**, Selçuk İletişim Dergisi, Cilt 5, Sayı1, Konya, Temmuz1, 2007 s. 230.

50 Levend Kılıç, **Görüntü Estetiği**, İnkılap Yayınları, İstanbul, 2003, ss. 51-57.

Görüntünün İşlevleri

Görüntülerin bazı temel işlevleri vardır. Bu işlevler üç başlık altında toplanabilir:

1. Bilgi verme, açıklama.
2. Duygusal atmosfer yaratma, anlam oluşturma.
3. Estetik yapıyı kurma.

1. Görüntülerin bilgi verme, açıklama işlevi

Her bir görüntü bir enformasyona, açıklayıcı niteliklere sahiptir. Örneğin bir insanın görüntüsüne bakarak bu kişinin erkek mi kadın mı olduğunu söyleyebiliyoruz. Yaşı hakkında bir tahmin yapabiliyoruz. Üzgün mü, mutlu mu olduğu yargısında bulunabiliyoruz. Hatta varlıklı mı, yoksul mu ya da nerede yaşadığı konusunda giysilerine bakarak bir yorumda bulunabiliyoruz.

2. Görüntülerin duygusal atmosfer yaratma, anlam oluşturma işlevi

Flusser'e göre görüntüler anlamlı yüzeylerdir. Birçok hâllerde, "dışarıda" olan bir şeyi gösterirler. Zaman ve mekân ile ilgili dört boyutu, soyutlayarak iki boyutlu düzleme indirger ve bizim için düşünülebilir olan bir şeyi tasvir etmek için kullanılırlar. Görüntülerin anlamı onların yüzeylerinde yatmaktadır[(51)].

Sinema, televizyon ve videoda "görüntü" ve "ses" programın mesajını taşıyan iki önemli ögedir. Sinema ve televizyon yapımlarının biçimini oluşturan bu iki temel yapım ögesi aynı zamanda bu biçimle bağlantılı olarak mesajın içeriği üzerinde de etkili olur hatta anlam oluşturur. Örneğin görüntünün bir ögesi olarak bir aydınlatma biçimiyle izleyici üzerinde sevinç, mutluluk duyguları yaratılırken bir başka aydınlatma biçimiyle bu kez korku, endişe, gerilim duyguları yaratılabilir. Benzer şekilde, kameranın görüş açısı ile kişilerin ya da nesnelerin yorumlanması, onlara değişik anlamlar kazandırılması; güç-ezilmişlik, varlık-yokluk gibi temaların değişik kamera açıları ile görselleştirilmesi mümkündür. Bugün sinema ve televizyonun biçimini meydana getiren görüntünün,

---

51 Vilem Flusser, **Bir Fotoğraf Felsefesine Doğru**, Çev., İhsan Derman, Med-Campus Proje 126 Yayınları, İstanbul, 1994, s. 11.

yalnızca mesajın taşıyıcısı değil, kendisinin bir "mesaj" olduğu söylenebilmektedir. Fotografik görüntü, belli bir içeriği aktaran bir anlatım aracıdır ve görüntü ve görüntünün aktardığı mesaj birbirinden ayrılmaz bir bütündür. Güngör'ün deyişiyle, ortaya konan eserin mesajı artık sanatçının kafasındaki değil eserin biçimindedir[(52)]. Diğer bir deyişle, biçim ne söylüyorsa yapıtın mesajı da artık odur. Görüntünün oluşturuluş biçimi yalnızca biçimi değil görsel anlamı da oluşturmaktadır. Yönetmenin biçimi yaratırken başvurduğu düzen, aslında kendi başına bir anlatım tarzıdır. Bu anlatım tarzı yönetmenin düşündüklerini somut olarak seyircisine, izleyicisine sunabilme şeklidir. Sinema ve televizyon kendine özgü anlatım yoluyla ve diliyle dikkat çeker. Bir filmi ya da bir televizyon programını tasarlama, aslında bir düşünceyi görselleştirmedir. Yönetmenin kafasında tasarladığı ve görüntülerle somutlaşan düşüncesi yine bu görüntüler yardımıyla seyirciye aktarılmış olur. Artık bir seyirci, bir konuyu değişik biçimlerde değil, yönetmenin gösterdiği biçimde görür. Buradan yola çıkarak görüntü ve gerçek ilişkisini tartışabiliriz.

Kameranın görüntüleri saptaması tamamen nesnel (objektif) bir işlemdir ve ortaya çıkan görüntüler de tam bir gerçeklik taşır. Ancak kamerayla elde edilen görüntüler bu gerçeklikten, bu nesnellikten kolayca uzaklaşabilir. Kameraya insan eli değer değmez kamera önündeki varlıklar, durumlar, ilişkiler kişisel bir tutumun, tavrın, görüşün yansıması olur. Kameranın önündeki nesnel gerçek kişisel bir yoruma uğrar, hatta bu gerçek çarpıtılabilir, bozulabilir de. Aynı konu farklı kişiler tarafından farklı sonuçlar çıkarılacak şekilde görselleştirilebilir[(53)].

Görüntüler bir bakıma çok gerçek, çok belirgin, çok kesin, çok dolaysız ve çok yalındır. Çünkü kamera karşısında bulunan konuyu olduğu gibi kaydetmiştir. Ama diğer taraftan kameranın kaydettiği görüntüler çok aldatıcı, yorum getirici, çok değişik anlamlıdır. Görüntüler gerçeğin içinden alınmış olsalar dahi her zaman başka yani, yeniden üretilmiş bir gerçeklik taşıyacaklardır. Güngör bu konuda "Geceyarısı Ekspresi" filmini örnek olarak gösterir.[54] Yönetmen Alan Parker'ın (senaryo Oliver Stone, William Hayes) 1970 yılında Türkiye'de tutuklanıp hapse atılan Billy Hayes adlı bir Amerikalının gerçek öyküsünden yola çıkarak çektiği bu filminde (1978),

52 A. Şefik Güngör, **Sinemada Görüntü Yönetmeni**, Kitle Yayınları, Ankara, Şubat 1994, s. 22.

53 Nijat Özön, **100 Soruda Sinema Sanatı**, Gerçek Yayınevi, İstanbul, 1972, s. 23.

54 **Güngör**, 1994, ss. 31-32.

İstanbul sokakları daima ezan sesi eşliğinde gösterilen izbe sokaklardır ve bu sokaklarda tümü başı örtülü kadınlar, şişman ve çirkin Türk tipleri dolaşmaktadır ve bunlar hep yanlı bir bakışın görüntüleridir. Anlaşılacağı gibi gerçek, hayattan alınmış bile olsa eksik ya da yanlı bir bakış açısı ile saptanan görüntüler, yönetmenin kafasındaki görüntünün ya da gerçeğin yansıtılması sonucunu doğurmaktadır. Kuşkusuz bu, yalnızca saptanan görüntüler düzeyinde kalmamakta, çekim açısı, çekim ölçeği, aydınlatma, renk, ses, kurgu gibi tüm sinematografik ögeleri de kapsamaktadır. Artık film, görünür gerçekte olduğu gibi değildir. Görüntüler hiçbir zaman gerçekliğin kesin bir tanımlaması değildir. Örneğin farklı dünya görüşlerine sahip iki sinemacı aynı görüntülerden yola çıksalar bile birbirinden farklı iki ayrı gerçekliği gözler önüne serebilirler.

3. Görüntülerin estetik yapıyı kurma işlevi

Görüntülerin bir diğer işlevi de estetik yapıyı kurmaktır. İzleyiciler sinema televizyon yapımlarını izlerken temel olarak iki şeyden etkilenirler: Yapımın konusu ve yapımın anlatımındaki estetik yapı. Örneğin seyirciler bir filmin konusunu beğenilebilir ama estetik kusurlar seyircinin sonuçta filmi beğenmemesine neden olabilir. Çünkü seyirciler izledikleri görüntülerden bir haz da almak ister. Bu da bizi görüntü estetiği konusuna götürür.

İnsanlar içtepisel olarak "güzel"i arama eğilimindedirler. Gündelik hayatımızda da sanat yapıtlarında da bu böyledir. Bu nedenledir ki bizler örneğin evimizin duvarlarına asmak istediğimiz tabloları bir düzen içinde asmaya çalışırız. Yemek masasının etrafındaki sandalyeleri biri önde diğeri arkada vb. yerleştirmeyiz. Hoşa gidecek bir görsellik, bir görsel yapı oluşturmaya çalışırız. Görüntüyü kullanan sinemacılar, televizyoncular, fotoğrafçılar da örneğin görüntü çerçevesi içindeki nesneleri etrafa rastgele dağıtıp istediğimiz etkiyi yaratamayacaklarının bilincindedirler. Onlar bilirler ki görüntüsel anlatımda görüntü çerçevesi içinde yer alan her türlü ayrıntının bir düzen ve estetik anlayış içinde bir araya getirilmesi gerekir. Örneğin televizyon reklamlarına baktığımızda oldukça güzel görüntüler dikkatimizi çeker. Örneğin bir kola reklamında soğutucu içinden çıkarılan kola şişesinin buğulu, üzerinde damlacıklar olan, mükemmel şekilde aydınlatılmış görüntüsü hepimize cazip gelir. Kola kapağının yavaşlatılmış çekimle gösterilen açılmasıyla duyulan ses etkileyici bir sestir. Neredeyse hemen kalkıp bir kola almak isteriz. Özellikle tanıtım, reklam programlarında görüntülerin ve seslerin çok etkileyici, estetik açıdan doyurucu olmasına çalışılır. Çünkü bu tür yapımlar ticari bir iştir ve her şey ürünün tanıtımını yapmak, satışını artırmak içindir.

Sıradan bir seyirci bir sinema filmini izledikten sonra "beğendim" ya da "beğenmedim" yargısına varır. Bunun altında yatan nedenleri sinema televizyon alanında çalışanlar ya da bu işin eğitimini alanlar gibi açıklayamaz. Örneğin kamera kullanımı başarılı değildi, aydınlatmada sorunlar vardı, senaryo başarılı bir biçimde görselleştirilememişti vb. film dili bakımından değerlendiremeyecek ama sonuçta beğendim ya da beğenmedim diyeceklerdir. Sinema televizyon yapımlarındaki estetik yaklaşım seyircinin beğeni yargısında önemli bir rol oynayacaktır.

Bugün dünyada her gün milyonlarca fotoğraf çekiliyor. Günümüz cep telefonu teknolojisindeki gelişmelerle teknik kalitesi yüksek fotoğraflar çekilebiliyor. Ancak bu fotoğrafların pek çoğu fotoğraf sanatının örnekleri olarak fotoğraf sergilerinde, fotoğraf dergilerinde yer alamıyor, yarışmalarda dereceye giremiyor. Bunun nedeni fotoğrafik görüntünün gerektirdiği estetik ögelerin farkında olmamaktır. Bir başka deyişle, fotografik görüntülerin nitelikli bir yapı özelliği taşıması için ne gibi koşulların yerine getirilmesi gerekir? Görüntüyü kullanan sanatçıların günümüzde, sinema ve televizyonun teknik yeterliliklerini bilmenin yanında bu araçların yapısına uygun estetik gerekliliklerin neler olduğunu da bilmesi gerekir. Işık, renk, çerçeve ve çerçeveleme, kamera açısı, hareket, görüntü geçişleri, kurgu, ses gibi konular görüntü estetiğinin temel konularıdır. Televizyon görüntüsü estetik düzenleme açısından diğer görsel sanatlardaki estetik kurallara uymalıdır.

Yönetmenin perdede-ekranda oluşturduğu görüntülerin olarak işlevlerini Millerson "Görüntünün hangi işlevleri olabilir?" başlığı altında şöyle sınıflandırmaktadır[55]:

Gerçekçi: Görüntüler kameranın önündeki nesneleri, kişileri, olayları, vb. olduğu gibi gerçekçi bir biçimde iletir.

Çevresel: Görüntüler bir yeri, mekânı belirtir. Örneğin Anıtkabir görüntüsünün Ankara'yı belirtmesi gibi. Anıtkabir'i gördüğümüzde çekimlerin Ankara'da yapıldığını, konunun Ankara'da geçtiğini anlarız.

---

55 Gerald Millerson, **The Techniques of Television Production**, Focal Press, London and NewYork, 1968, s. 212.

Yorumlayıcı: Düşüncelerin, niyetlerin, duyguların, durumların bazı görsel çağrıştırmalarla ifade edilmesidir. Örneğin denizdeki bir kayığın içinde oluşmuş delikten içeriye suyun sızmasının yakın çekimle gösterilmesi ileride olacaklarla ilgili izleyicinin bir yorumda bulunmasını (Kayık bir süre sonra batabilir.) sağlayacaktır. Ağır ağır atılan adımların görüntüsü yorgunluk düşüncesi uyandırması gibi.

Simgesel: Mekânların, ruhsal durumların, olayların vb. görüntüyle simgesel olarak çağrıştırılmasıdır. Örneğin bayrak görüntüsünün ya da Çanakkale Şehitler Abidesi'nin millî duyguları çağrıştırması gibi. Bu görüntüler simgesel bir işlev üstlenir. Benzer şekilde silah gösterilerek ölüm düşüncesi, çiçek gösterilerek sevgi düşüncesi simgesel olarak ifade edilebilir. Saat görüntüsü zamanla ilgili bir simgesel özellik taşır.

Taklit edici: Hareketin, görünüşün, konunun görüntüyle taklit edilmesidir. Bir kişinin başının döndüğünü belirtmek için kameranın sağa-sola yalpalama hareketi yapması görüntünün taklit edici işlevine örnek olarak verilebilir.

Tanımlayıcı/Özdeşleştirici: Görüntüler belli insanlar, belli olaylar vb. ile ilişkilendirilerek tanımlayıcı bir işlev görebilirler. Örneğin Napolyon'un şapkasının görüntüsü Napolyon ile özdeşleştirilmiş, Napolyon'u tanımlamıştır. Yine örneğin bir oyuncunun elindeki belirgin yara izi o kişiyle özdeşleşen bir ögedir ve biz o kişiyi görmesek de elinin görüntüsü bize o kişi olduğunu ifade eder.

Özetleyici: Görüntüler daha önceden tanıdığımız, karşılaştığımız olayları hatırlatarak özetler.

Birleştirici: Görüntüler olaylar, konular vb. arasında birleştirici olabilir. Örneğin oyuncak tekneden suya, sudan denizdeki bir gemiye çevrinme yapmak gibi.

Kameranın İşlevleri

Zettl'a göre çoğu iletişim aracı özellikle sinema, televizyon ve video çeşitli iletişim rollerini ve işlevlerini üstlenir. Bir iletişim aracı olarak kamera olaya, konuya bakar, konunun içine girer ya da konuyu yaratır[(56)].

---

56 Herbert Zettl, **Sight Sound Motion: Applied Media Aesthetics**, California: Wadsworth Publishing Company Inc., 1973, ss. 226-227.

Kameranın konuya bakması, konuyu mümkün olan açık şekilde kamerayla anlatmaktır. Bu işleviyle kamera bir iletişim aracı olarak sadece önündeki konuyu iletme görevini üstlenir. Yani burada amaç, gerçeğe uygun olarak konuyu göstermektir.

Kameranın konunun içine girmesi, kameranın konunun belirli bir parçasını, bölümünü,detayını, göstermesidir. Konuyu normal gözle görülemeyen bir açıdan görmedir. Kameranın bu kullanılış biçiminde konuya var olan gerçeğin dışında yeni bir şey eklenmez. Kamera detaya, ayrıntıya girerek kendi bakış açısıyla konuyu ekrana perdeye getirir.

Kameranın konuyu yeniden yaratması, kameranın gerçek konuyu bir ham malzeme olarak kullanarak yeni bir nesne yaratmasıdır, yeni bir nesne ortaya çıkarmasıdır. Burada görüntü aydınlatma, netlik, alan derinliği, renk, özel efektler gibi etkilerle gerçeğinden bambaşka şekilde ekrana-perdeye yansır. Konunun yeniden yaratılmasına, kameranın görüntü oluşturma sürecinde video teknolojisi kullanılarak da ulaşmak mümkündür.

Aydınlatma

Aydınlatmanın en önemli işlevi, görüntüye estetik bir boyut ve anlam kazandırmaktır.

Aydınlatmanın Gerekliliği, Amaç ve İşlevleri

Amerikalı sinema yönetmeni Cecil Blount DeMille "Opera için müzik neyse, sinema için ışık odur." diyerek görsel sanatlarda aydınlatmanın önemine vurgu yapmıştır[(57)]. Sinema, televizyon, video ve fotoğrafta öncelikle görsel iletişim araçları olmaları nedeniyle en önemli öge görüntüdür. Görüntüyü oluşturan en önemli öge ise aydınlatmadır. Görüntü incelendiğinde aydınlatma (ışık) önemli bir yer tutar. Bir nesnenin görülebilmesi için bu nesnenin bir ışık kaynağı olup ışık yayması ya da bir ışık kaynağından gelen ışık ışınlarını yansıtması gerekir.

57 Blain Brown, **Sinema ve Videoda Işıklandırma**, Çev., Selçuk Taylaner, 1. Baskı, hil yayın, İstanbul, 2010, s. 1.

Görsel bir öge olan ışık, temel olarak nesneleri ortaya çıkarıp fizik olarak görülebilir hâle getirir. Yani ışık fotoğraf, sinema, video ve televizyonun varlığının nedenidir. Işık aynı zamanda görüntü içindeki malzemeyi işleyen, yoğuran etkin ve estetik bir yapım ögesidir. Görsel sanatlarda aydınlatma, yalnızca teknik olarak görüntünün ortaya çıkabilmesi için gerekli olmayıp bunun dışında birçok nedenle fotoğraf, sinema, televizyon ve video yapımları için bir gerekliliktir. Aydınlatmanın yaratıcı olarak kullanılması ise ayrı bir sanat ve ustalık işidir. Gerek stüdyoda gerekse dış mekânda çalışılsın çok çeşitli ışık kaynakları ile konu, mekân aydınlatılır ve istenilen amaca ulaşılmaya çalışılır. Yönetmenin doğru ve yeterli bir aydınlatmaya yönelme uğraşı nesnenin kendisinden çok görüntüde yaratılmak istenen atmosferden kaynaklanmaktadır.

Aydınlatmanın temel amacı, çevremizi algılamamızı sağlamaktır. Aydınlatma özel bir yöntemle çevremize yoğunlaşarak görmemize ve hissetmemize yardımcı olur. Görüntüleyeceğimiz konu ne olursa olsun aydınlatmanın genelde benzer amaçları vardır. Televizyon yapımlarında aydınlatmanın amaç ve işlevlerini Wurtzel, Zettl ve Millerson şöyle açıklar[(58)]:

Teknik gereksinimleri sağlamak

Televizyon kameralarının görüntü sinyalini oluşturabilmesi ve teknik açıdan iyi bir görüntü verebilmesi için belirli bir şiddetteki ışığa ihtiyaç vardır. Teknik açıdan aydınlatmanın amacı, kameranın çalışabileceği yeterli ışık düzeyini sağlamak ve renkleri bozmayacak ışığı elde etmektir.

Görüntüde biçimi, boyutu belirtmek ve derinlik oluşturmak

Tüm görsel sanatların en büyük sorunu, iki boyutlu yüzeyler üzerinde gerçek yaşamdaki derinlik etkisini yaratmak olmuştur. Televizyon görüntüsü en ve boy olmak üzere iki boyutludur. Bu iki boyutlu yüzeyde derinlik etkisinin oluşturulması kamera açısı, dekor ve set düzenlemesi çerçeve içindeki kişilerin, varlıkların görüntü yüzeyine yerleştirilme biçimi (Kişiler, nesneler kameradan farklı uzaklıklara yerleştirilerek derinlikli planlar artırılabilir.) ve özenli bir aydınlatma ile

58 Gürcan Mete Şener, **Aydınlatma ile Televizyon Yapımlarında Derinlik Etkisinin Oluşturulması, Yayımlanmamış Yüksek Lisans Tezi**, Anadolu Üni., Sosyal Bilimler Enstitüsü, Eskişehir, 1986, ss. 8-10.

olanaklıdır. Işık ve gölgenin uygun kontrolü, üç boyutlu nesnelerin şekil ve biçimlerini, zaman ve uzaydaki durumlarını, birbirleri ve çevreleri ile ilişkilerini ortaya çıkarmada önemlidir. Bir nesnenin şekil ve boyutlarını belirtmede ışıktan daha çok gölgeler önem kazanır. Örneğin, bir küpün aydınlatmasında, küpün düşen gölgesi onun boyutunu ortaya çıkardığı gibi görüntüde derinlik de yaratır.

Düz bir fondan oluşan sahneler dışında genel olarak bir ön ve arka plan vardır. Ön ve arka planlar arasında aydınlatma ile yaratılacak koyuluk farkı derinlik duygusu verir. Örneğin, ön plandaki nesneler açık ve parlak ise fon daha koyu olmalıdır. Tersine ön plandaki nesneler koyu ise fon açık olmalıdır. Aydınlatma ile yaratılacak bu derinlik duygusunu daha da arttırmak için ön planla arka plan arasında planlar yaratılmalıdır. Nesneler, oyuncular kameradan farklı uzaklıklara yerleştirilerek derinlikli planlar artırılabilir.

Ekrandaki önemli varlıklara dikkati çekmek

Aydınlatma izleyicinin dikkatini istenilen yerlere çekmeye ya da dikkati sahnedeki belirli nesnelere ya da kişilere yöneltmeye yardımcı olur. Aydınlatma, istenilen belirli yerlere doğrudan dikkati yönlendirme, varlıklara önem verme, diğerlerinin etkisini azaltma olanakları sağlar. Örneğin görüntü çerçevesi içindeki bir nesne ya da kişi diğer nesnelere göre daha fazla aydınlatılırsa ilgi aydınlık nesne ya da kişi üzerinde odaklaşacaktır. Karanlık ya da yarı karanlıkta kalan nesnelerin önemi ise azalacaktır.

Duygusal atmosfer ve psikolojik etki yaratmak

Sinema ve televizyon yapımlarında her görüntü belli bir duyguyu içerir. Bu, izleyicinin ilgisinin yapımın akışına tam olarak kendisini bırakmasıyla oluşur. Bu nedenle görüntünün duygusal yapısı rastlantıya bırakılmamalıdır. Aydınlatma sahnenin duygusal atmosferini ortaya çıkarmada, insanların psikolojik durumlarının belirtilmesinde, duyguların anlatılması ve etkilenmesinde önemli bir işlev görür. Bilindiği gibi ışık olan yerde umut, karanlıkta korku, heyecan ve karamsarlık vardır. Aydınlık özgürlüğü, karanlık tutsaklığı simgeler. Amaca uygun bir aydınlatma ile izleyicide görüntülenen sahne ile ilgili olarak çeşitli psikolojik etkiler mutluluk, sevinç, hüzün, korku, gizem vb. durumlar çeşitli aydınlatma biçimleri ile elde edilebilir. Örneğin bir sahne dans, oyun gibi sevinçli, neşeli bir olayı anlatıyorsa, aydınlatmada görüntünün büyük bir kısmı parlak ve aydınlıktır ve aydınlatma mümkün olabildiğince eşit olarak uygulanır. Mutlu bir sahnede karanlık alan kalmamalıdır. Yine örneğin gölgeli, karanlık aydınlatma biçimi izleyicide gizem, gerginlik, sıkıntı, üzüntü gibi duygular yaratır. Acılı, hüzünlü, gizemli vb. sahnelerde görüntünün büyük bir bölümü koyu ve karanlıktır. İzleyiciye gösterilmesi istenilen yer gösterilir. Seçilemeyen ayrıntılar, belirsizlikler insanda endişe, hüzün, korku, gerilim duygusu uyandırır. Görüntünün duygusal yapısı hiçbir zaman rastlantıya bırakılmamalıdır. Yönetmen duygusal akışı yönlendirebilmeli ve kesin olarak duygusal akışın yönünü ve biçimini denetleyebilmelidir. Görüntünün izleyici üzerinde oluşturduğu bu psikolojik etki, görüntüde anlam yaratmayı sağlayan çeşitli ögelerin (dekorun düzenlenmesi, çerçeveleme, görüntü düzenlemesi, renk, kamera konumu, ses, müzik, kurgu vb.) ve özel aydınlatma yöntemlerinin uyumlu birlikteliğinden oluşur. Ancak unutulmamalıdır ki bu ögeler, görüntüde istenilen etkiyi yaratabilmek için tek başlarına yeterli değildir.

Gerçeği ya da gerçek dışını, zamanı belirtmek

Aydınlatma gerçeğin ya da gerçek dışının ortaya çıkarılmasına yardım eder, zamanı belirtir. İyi düzenlenmiş bir aydınlatma, gerçeklik etkisine ulaşılmasına ve belirli bir zaman kurulmasına yardım eder. Uygulamada aydınlatma kaynakları, yönü, şiddeti ve dağılma olanakları bakımından düzenlenerek belirli bir etki yaratılmaya çalışılır. Doğada normal olarak ışık tepededir. Gölgelerin de normal olarak nesnelerin altına düşmesi beklenir. Örneğin ışığın aşağıdan gelmesi ile alışılmamış, gerçek dışı görüntüler elde edilir. Burun, elmacık kemiklerinin ve göz kapağının üzerinde gölgeler oluşur. Bu görünüm farklılık, korkunç, esrarengiz, gizlilik dolu anlamlar yaratır. Gerçek dışı, korku ve gerilim içerikli yapımlarda çoğunlukla bu tür aydınlatma görürüz.

Işık ve gölgenin kontrolü izleyicinin zamana yönelmesine yardımcı olur. Örneğin, nesnelerin hemen altına düşen kısa gölgeler öğlen zamanını, uzun gölgeler ise akşamüstü ya da sabahın erken saatleri izlenimini verir. Aynı zamanda rahatsızlığı, üzüntüyü, ölümü anlamak için de kullanılır. Gündelik yaşamımızda alışkın olduğumuz aydınlatma biçimine aykırı bir aydınlatma gerçek dışı bir izlenim yaratır.

Televizyon Kuruluşlarında Temel Aydınlatma Sistemi

Televizyon kuruluşlarında aydınlatma sistemi üç temel ögeden oluşur. 1. Aydınlatma kaynakları, 2. Aydınlatma kaynaklarının bağlı olduğu ışık askı sistemleri ve hareketli düzenekleri, 3. Aydınlatma kaynaklarının güçlerinin denetlenmesini sağlayan ve elektronik devrelerden oluşmuş "dimmer" gereci.

Televizyon programlarının çekimlerinde ister stüdyo yapımları isterse dış çekimler olsun değişik nitelikte (sert ışık, yumuşak ışık, gün ışığı, yapay ışık vb.) birçok aydınlatma kaynağı kullanılır. Programın amacına, yapısına ve ihtiyaca göre aydınlatma kaynakları belirlenerek kullanılır. Örneğin aydınlatılacak alan büyükse güçlü, yoğun ışık veren ışık kaynaklarına ihtiyaç duyulurken küçük bir mekânın aydınlatılmasında düşük güçteki bir aydınlatma kaynağı yeterli olabilecektir.

Televizyon stüdyolarında aydınlatma kaynaklarının bağlandığı ve bu kaynakların aşağıya-yukarıya, sağa-sola, ileriye-geriye hareket ettirilmesini sağlayan askı sistemleri ve düzenekleri bulunur. Bu düzenekler aracılığı ile amaçlanan aydınlatma biçimi oluşturulur.

Dış çekimlerde ise yine çeşitli aydınlatma kaynakları ve bunların bağlandığı ışık sehpaları ve benzeri gereçlerle istenilen aydınlatma gerçekleştirilir.

Televizyon stüdyolarında ışık kaynaklarının hangi güçte ışık vermesi isteniyorsa bunun ayarlanması "dimmer" cihazı aracılığıyla yapılır.

Işık ve Renk

Işığın, yapısına veya cisimlerden yansıyama şekline bağlı olarak göz üzerinde yaptığı etki renktir. Renk, göze giren elektromanyetik dalgalar tarafından uyandırılan etkiye bağlıdır. Güneş ışığı ya da beyaz ışık bir prizmadan geçirilirse kendisini oluşturan renkleri kolayca görebiliriz. Beyaz ışığın prizmadan geçerken renklere ayrılmasının nedeni, beyaz ışığı oluşturan değişik dalga boyundaki ışınların prizmadan geçerken değişik miktarlarda kırılarak birbirinden ayrılmasıdır. Anlaşılacağı gibi beyaz ışık çeşitli renklerin birleşmesinden meydana gelmiştir. Ancak beyaz ışık üç ana renkten oluşur: mavi, yeşil ve kırmızı. Diğer ara renkler bunların karışımından oluşur.

İnsan gözü beyaz ışık içinden herhangi bir renkli ışığı ayırıp göremez. Gözün renkli ışığı, rengi ayırt edebilmesi için ışığın nesneler üzerine düşmesi gerekir. Bütün nesneler renkli ışıkları emer ya da yansıtır. Nesnelerin renkli ışıkları emmeleri ya da yansıtmaları sayesinde renkleri görebiliriz. Bir nesne ya da yüzey üzerine düşen ışığın tamamını yansıtırsa bu nesne ya da yüzey göze beyaz görünür. Işığı tamamen emen nesneler ise siyah görünür. Bir nesne ışığın tamamını eşit oranda emerse o nesne gri renkle görünür. Bir nesne, ışığın bir kısmını emer bir kısmını yansıtırsa yansıyan ışınların birleşmesinden belirli bir renk ortaya çıkar. Yeni renk, ışığın uğradığı bir işlem sonucunda ortaya çıkmış olur ve bir nesnenin rengi, beyaz ışık içindeki renklerden geçirdiği-emdiği veya yansıttığı renktir.

Sonuçta şunu söyleyebiliriz: Renk hiçbir zaman nesnenin bir özelliği değildir. Nesnenin mutlak bir rengi yoktur. Bir nesnenin görülür rengi, o nesnenin özelliğine (yeni üzerine düşen ışığı emme ya da yansıtma durumuna) ve var olan ışıklandırmaya bağlıdır. Örneğin kırmızı bir ışık altındaki bir nesnenin hâkim rengi kırmızıdır. Gerçekte aynı nesne gün ışığında kendi özel renginde görülür. Başka bir insanın nesnenin rengi olarak algıladığı, ışığın nesne tarafından yansıtılmış kısmıdır. Örneğin kırmızı bir gül, yeşil ve mavi ışık dalgalarını emip kırmızıyı yansıttığı için kırmızı görünür.

Temel Aydınlatma

Özel amaçlar dışında nesnelerin ya da kişilerin aydınlatılmasında temel yaklaşım; görüntülenecek yüzeylerin ayrı ışık yoğunluğunda (gücünde) aydınlatılması gereğidir. Başka bir deyişle, her yüzeyin aydınlık değerleri birbirinden değişik olmalı, her nesnenin koyuluğu birbirinden ayrılmalıdır. Bu yaklaşımın ana amacı, görüntüde üçüncü boyut (derinlik) etkisinin yaratılmasıdır. Buradan hareketle nesnelerin, kişilerin aydınlatılmasında temel olarak üç ışık kullanılır ve bu ışıklarla yapılan aydınlatmaya "temel aydınlatma" adı verilir. Bu ışıklar;

1. Ana/anahtar ışık,
2. Dolgu/destekleyici ışık ve
3. Tepe/arka ışıktır.

Sayılan ışıkların kullanım amacı, niteliği, gücü, yerleştirildiği yer ve yüksekliği gibi konular bu kitabın kapsama alanı dışındadır. Burada adı geçen ışıkların kısaca tanımı yapılacaktır.

Ana ya da diğer adıyla anahtar ışık, konunun aydınlatılmasında kullanılan temel ışık kaynağıdır. Dolgu ışığı, anahtar ışığın oluşturduğu sert gölgeleri yumuşatmak ve anahtar ışığın aydınlatamadığı yerleri aydınlatmak üzere anahtar ışığın diğer tarafına yerleştirilen ışıktır. Tepe ışığı, konunun arkasında yer alan ve konunun fondan ayrılmasını sağlamak ve derinlik etkisi yaratmak amacıyla kullanılan ışıktır.

Aydınlatma yapmak, kuşkusuz konuyla ilgili temel bazı bilgileri ve özellikle de iyi bir deneyimi gerektirir. Bir televizyon yapımında aydınlatma işi görüntü yönetmeni, kameramanın sorumluluğunda ışık görevlilerince yapılır. Nasıl bir aydınlatma yapılacağı ise programın amaçlarına, gerektirdiklerine, senaryoya vb. bağlıdır.

Aydınlatma Yöntemleri

Film yapımlarında olduğu gibi televizyon yapımlarında da aydınlatmanın işlevi, aydınlık (ışıklı) ve karanlık (gölgeli) alanların düzenlenmesiyle ortaya çıkar. Bir estetik öge olarak televizyon yapımlarında aydınlatma, ışık ve gölge düzenlemeleri ve buna verilen öneme göre gruplandırılmaktadır. Bu anlamda Zettl'a göre televizyon yapımlarında iki tür aydınlatmadan söz edilebilir. Bunlar;

- Açık ve koyu, ışıklı alanların ve gölgeli alanların oluşmasının önemli olduğu "Chiaroscuro aydınlatması" ve
- Açık ve koyu, ışıklı ve gölgeli alanların oluşmasının önemli olmadığı "Düz" ya da "notan" aydınlatmadır[(59)].

Chiaroscuro Aydınlatması

Chiaroscuro aydınlatması, açık-koyu (aydınlık-karanlık) zıtlığı (kontrastlığı) demektir. Chiaroscuro İtalyanca bir sözcüktür; Chiaro "açık-aydınlık", oscuro "koyu- karanlık" anlamına gelmektedir. Chiaroscura aydınlatması, görüntü boyutu içinde aydınlık-ışıklı ve karanlık-gölgeli alanların oluşturulmasıdır. Bu yaklaşımla yapılan aydınlatma nesneye ve mekâna uygun olarak ekranda üçüncü boyutu sağlar ve görüntüde derinlik etkisini arttırır. Görüntüye gerçekçi bir anlam kazandırır. Görsel ögeleri dengeye getirir, dikkatleri belli bir noktada toplar ve konunun anlatımına destek

59 **A. g. e.**, ss. 44-54.

olur. Chiaroscura aydınlatmasında konunun özellikle belli yerleri aydınlatılır diğer yerler ise göreli olarak karanlıktır. Karanlık alanlar ile ışıklı alanlar arasındaki geçişler yumuşaktır. Görüntü alanı içindeki ışıklı yerler bir önem belirtir, konuyu vurgular. Bu aydınlatma biçimi bir başka deyişle "seçici" bir aydınlatmadır.

Aydınlık-karanlık alanlar arasındaki kontrastlığın derecesine göre Chiaroscuro aydınlatması üç biçime ayrılmaktadır. Bunlar;

- Rembrandt aydınlatması,
- Cameo aydınlatması,
- Siluet aydınlatmasıdır.

Rembrandt aydınlatması, nokta ışık veren (toplu aydınlatma) aydınlatma kaynaklarıyla gerçekleştirilen seçici bir aydınlatmadır. Konunun belli (önemli) yerleri aydınlatılırken diğer yerler tam ya da yarı karanlıktır. Işıklı alanlardan gölgelere geçiş yumuşaktır. Rembrandt aydınlatmasında hem kompozisyon hem de içerik açısından temanın anlatımı destekleyen alanları ışıklıdır. Görüntü alanı içindeki diğer alanlar tamamen karanlıktır.

Cameo aydınlatması, görüntü alanı içinde dikkatleri özel olarak belli noktada toplar. Genellikle geniş planlı bir konu aydınlatması için kullanılmamaktadır. Özellikle nesnenin detaydaki yapı ve boyutlarının özgün niteliğini belirleme açısından önemlidir. Cameo aydınlatmasında konunun arkasındaki detayı önemli değildir. Sarıoğlu, bu aydınlatma biçiminin özellikle dramatik nitelikte olan bazı filmlerde ve televizyon programlarında oyun, bomboş gibi görülen bir stüdyonun ortasında siyah bir fonun önünde uygulandığını belirtir(60).

Cameo aydınlatması, karanlık bir fonun önünde sadece oyuncuların nesnelerin aydınlatıldığı yöntemdir. Yani arka alan tamamen karanlıktır, ön alanda ise tamamen amaca uygun olarak sadece istenilen yerler aydınlıktır (Örneğin gece sahnesi sokak lambası altında bir kişi arka fon tam karanlık sadece adam aydınlık). Genellikle mercekli aydınlatma kaynakları ile elde edilir. Arka plan herhangi bir göze çarpıcı taşkın ışıktan korunmak üzere, siyah perdelerle dikkatlice kapanmıştır. Bu aydınlatma yönteminin denetlenmesi güçtür. Bu aydınlatma biçiminin görüntüde

---

60 Güner Sarıoğlu, **Televizyon Program Yapımı ve Yönetimi**, Ankara Üniv., Siyasal Bilgiler Fakültesi Yayınları, No:389, Ankara, 1976. ss. 73-74.

siyah-beyaz kontrastı çok yüksektir. Oldukça küçük bir yer üzerine toplanmış olan bu kadar fazla yoğunluktaki ışık, oyuncuların yüz çizgilerini silebilir. Estetik yönden bakıldığında Cameo aydınlatması oldukça etkileyici bir dramatik aydınlatma yöntemidir ve yalnızca dramatik nitelik taşıyan programlar için kullanılmalıdır. Cameo aydınlatması için dekor gerekmez ve genel olarak birkaç set parçası kullanılır.

Siluet aydınlatması; en yüksek aydınlık-karanlık zıtlığının olduğu aydınlatma şeklidir. Nesnenin kontur olarak karanlık ve fonun aydınlık kaldığı aydınlatma şeklidir. Fonun aydınlığı ile nesnenin karanlığının zıtlığı siluet aydınlatma biçimini oluşturur. Cemeo aydınlatmasının tamamen tersidir. Yani arka alan aydınlık, ön alandaki nesne ise tamamen karanlıktır. Sadece fon aydınlatıldığından, öndeki nesne tamamen karanlık kalmaktadır. Nesnenin dokusu ve tonlama görülmektedir. Siluet aydınlatmasında nesne kontur olarak ortaya çıkar. Yani nesne, aydınlık arka alan önünde karanlık bir leke olarak belirir. Bu tür aydınlatma şeklinde, konunun çerçevesinin ortaya çıkması önemlidir. Uygulanan yöntem zor olmakla birlikte gölge ve ışık arasında dramatik zıtlığı sağlar, konuya derinlik kazandırır. Fon aydınlatılmadan, nesnenin üstüne arkadan verilen bir ışık da siluet aydınlatma etkisi yaratır.

Düz (Notan) Aydınlatma

Chiaroscuro aydınlatma biçiminin tam tersi düz aydınlatmadır. Düz aydınlatma, basit ve sadece görülebilirlik için aydınlatma biçimidir. Özel bir estetik fonksiyonu yoktur. Düz aydınlatma görüntüde duygusal etki yaratmaya olanaklı bir aydınlatma yöntemi değildir. Mağazalardaki, ofislerdeki floresan tavan aydınlatması, düz aydınlatma olarak kabul edilebilir. Tüm yönlerden gelen ışıklılık keskin gölgeler yaratmaz ve ışık kaynağının yeri fark edilemez. Karanlık ve aydınlık alanlar arasındaki zıtlığın çok az olduğu ve bu aydınlatma biçimi ile oluşturulan görüntüde derinlik etkisi arttırılamamaktadır. Düz aydınlatmanın özellikleri şöyle belirtilebilir:

- Işık tek yönden değil çok yönden gelir,
- Seçici değildir ve tam alanlar yaklaşık olarak eşit aydınlatılmıştır,
- Keskin gölgeler yoktur,
- Fon, diğer alanlar kadar ışıklıdır.

Televizyonda Hareket

Sinema, televizyon ya da video yapımlarda üç türlü hareket söz konusudur: Kamera önündeki hareketler, kamera hareketleri ve kameralardan elde edilen görüntülerin art arda eklenmesiyle oluşan hareket.

Kamera Önündeki Hareketler

Bu hareketler çekim sırasında kameranın önündeki her türlü varlığın yer değiştirmesiyle ortaya çıkan hareketlerdir. Yapımdaki sunucuların, oyuncuların vb. kişilerin hareketi (yürüme, koşma, oturma, kalkma vb.), otomobil, uçak gibi araçların ve çeşitli varlıkların ve hayvanların hareketi.

Kamera Hareketleri

Kameranın kendisinin yaptığı hareketlerdir. Kamera hareketleri temel olarak şöylece sınıflandırılır: yatay çevrinme hareketi (sağa-sola), dikey çevrinme hareketi (aşağı-yukarı), kaydırma hareketi (ileri-geri, sağa-sola), dikey yükselme hareketi, düşey alçalma hareketi, kameranın bir yay çizerek yaptığı arc hareketi ve zoom hareketi (kameranın zoom objektifiyle yaptığı optik kaydırma hareketi).

Bir çekimde bu hareketlerden yalnızca biri ya da birden çok kamera hareketi birlikte kullanılabilir. Burada vurgulanması gereken şey; kamera hareketi yapmanın bir nedeni olması gereğidir. Ayrıca kamera hareketi rahatsız edici şekilde izleyicinin dikkatini çekmemelidir. Çünkü izleyicinin dikkatini dağıtan her şey onu konudan uzaklaştıracaktır. Ancak belirli bir amaçla bir kamera hareketiyle özellikle izleyicinin dikkati bir nesneye ya da kişiye çekilebilir. Örneğin kamera, sarhoş bir kişinin yerine geçmiş ve onunla özdeşleşmişse kameranın sağa-sola sallanma hareketi özel bir amaca yönelik olup rahatsız edici olmayacaktır.

Kamera hareketi konusunda bazı kurallardan söz edebiliriz. Bu kurallar ancak estetik ve psikolojik varsayımlara dayandırılan kurallardır. Kamera önündeki varlıkların hareketinde, kameraya doğru olan hareketler kameradan uzaklaşan hareketlere göre daha etkilidir. Aşağıdan yukarıya doğru yükselen hareketler yukarıdan aşağıya doğru olan hareketlerden daha etkilidir. Yatay hareketler görüntüleme yönünden güçlü değildir.

Ancak soldan sağa doğru olan hareketler sağdan sola doğru olan hareketlere göre daha etkilidir. Buna neden olarak görüntü çerçevesinin sağ tarafının sol tarafa göre daha fazla görsel güce sahip olması gösterilebilir. İnsan gözünün çaprazlara olan ilgisinin fazla olması nedeniyle çapraz hareketler etkili hareketlerdendir.

Kılıç hareketin değişik şekilleri, hızları izleyicide değişik sembolik anlamlar oluşturabileceğini söyleyerek örnekler verir. Örneğin hareketin yumuşak değişmesi güzellik, çekicilik, incelik anlamları oluşturur. Hareketin keskin ve hızlı değişimi heyecan, ani değişiklik, istek anlamı yaratabilir. Dairesel hareketler düzgünlük, sürekli hareket, ilginin sürekliliği, düzen, resmiyet, büyüklük, önem anlamları yaratabilir. Anlaşılacağı gibi şekiller görsel düzenlemede düşüncenin üretilebilmesine olanak sağlamaktadır. Diğer bir deyişle, şekiller düşüncenin yüzeydeki simgeleridir[(61)].

Görüntülerin Art Arda Eklenmesiyle Oluşan Hareket

Kameralardan ve diğer görüntü kaynaklarından sağlanan görüntülerin art arda eklenmesiyle oluşan harekettir. Bu hareket "kurgu"dan oluşur. Yani ekranda çekimlerin değişmesinden doğan bir harekettir. Çekimleri birinden diğerine değiştirerek oluşturulan hareket sinema, televizyon ve video yapımlarının görüntüleme süreci içinde en önemli aşamadır. Bir görüntüden diğerine geçmeye "görüntüsel geçiş" adı verilir. Üç temel görüntü geçiş yöntemi vardır. Bunlar: Kesme, zincirleme ve açılma-kararmadır.

Televizyonda Ses

"Ama duyulmuyordu ses! Sanki ses olmayınca hiçbiri olmuyordu"
Behçet Necatigil - Ses şiiri.

19. yüzyılda ortaya çıkmaya başlayan görsel-işitsel iletişim araçları günlük yaşama büyük bir hızla girdi. Fotoğraf, sinema, radyo ve

[61] Levend Kılıç, **"Görüntü Düzenlemesi ve Görsel Öğeler"**, Eskişehir İletişim Bilimleri Fakültesi Dergisi, No:4, Eskişehir, 1981. ss. 97-106.

televizyon geniş kitlelerin büyük ilgisini gördü. Bu kitle iletişim araçları arasında sinema ve televizyonun popülerleşmesi temelde görüntünün gücünden kaynaklanmaktadır. Ancak bunun uygulamadaki sonucu, görüntü ve sesin birlikte bir bütün oluşturdukları ve yapımları daha gerçekçi ve anlamlı hâle getirmesidir. Kameranın karşısındaki varlıklar, kişiler, olaylar perdede ya da ekranda belli bir konu içinde görüntü olarak görünürken bunların sesleriyle beraber ekrana ya da perdeye yansıması gerçeği ifade etme bakımından çok önemlidir. İzleyiciler, çoğu zaman ekrandaki ya da perdedeki görüntüyle sesi bir bütün olarak görme eğilimindedirler. Gözün ve kulağın seçtiği görüntüler ve sesler birlikte izleyicinin bir sahne üzerindeki izlenimini oluşturur. Bu bütünleştirme aklımıza şu soruyu getirebilir: Görüntü ya da ses unsurlarından hangisi izleyici için daha etkilidir, daha güçlüdür? Buna göre sinema, televizyon ve video görseldir diyerek sadece görüntünün yanında taraf olmak inandırıcı olmaz. Ya da görüntünün ses olmadan çok yetersiz olacağını söylemek de inandırıcı değildir.

Zettl(62) televizyonu öncelikle görsel bir araç olarak gören yaklaşımlardan kaçınmak gerektiğini ve televizyonun görsel-işitsel bir araç olduğunu vurgular. Ona göre, tek başına görüntü ya da ses estetik önem taşımaz. Görüntü ve ses birlikte istenen etkiyi sağlar. Görsel ile işitselliğin göreceli önemi genel ekran bütünlüğünde değerlendirilmelidir. Eğer aktarılacak mesajlar öncelikli olarak görsel ise, o zaman görüntülere dikkat edilmesi gerekir. Ama mesajlar genel olarak sözlü ise ses üzerine yoğunlaşmamız gerekir.

Çevremizde gördüğümüz nesnelerin çıkardığı sesler nesnelerin görüntüleri kadar bizi etkiler. İçinde bulunduğumuz ortamda kulağımıza ulaşan her türlü ses vardır. Sinema, televizyon ve video yapımlarının önemli bir yapısal ögesi, insan kulağına ulaşan bu seslerden oluşur. Sonuçta sinema, televizyon ve video sanatçının, yaratıcısının emrine görsel ve işitsel iki temel alan sunmaktadır: görüntü ve ses. Kılıç, her sanat dalında olduğu gibi elektronik görüntü sanatında da sanatçının yüzey üzerinde görüntülerini oluşturmasının teknik sürecinden çok bu süreç içinde görüntülenen konuya kattığı yorumun önemine dikkat çeker. Bu açıdan bakıldığında konuya katılan yorum kamera ve sesin yaratıcılığı

62 Herbert Zettl, **Sight Sound Motion: Applied Media Aesthetic**, California:Wadsworth-Publishing Company, 1973, ss. 330-331.

kullanmaktır. Bu konu ekranda ya da perdede "Görüntü Boyutu" ve "Ses Boyutu" yaratabilmekle ilişkilidir. Video teknolojisi itibarıyla görme ve işitmeye yönelik iki temel oryantasyon ögesinden oluşur[(63)].

Elektronik görüntüyü kullanan sinema, televizyon ve video yapımlarında görüntü boyutu ve ses boyutu sadece teknik gereksinimleri değil yapımın estetik gereksinimlerini de karşılayacak şekilde planlandığında istenilen amaçlara ulaşılabilir. Sanatçılar görüntü ve ses boyutunu bir anlam bütünlüğü içerisinde birleştirerek izleyicinin beğenisine sunacaklardır. Yapımlarda izleyicinin ilgisini aynı anda hem ses hem de görüntü üzerinde tutmak çok zordur. Bu ilgiyi bir amaca yönelik olarak görüntüden sese, sesten de görüntüye kaydırarak bir ses düzenlemesi yapılabilir. Öngören[(64)], bir yönetmen, görüntü düzenlemesiyle nasıl ilgilenmek zorundaysa ses düzenlemesi ile de aynı anlayışla ilgilenmek zorunda olduğuna dikkat çeker. Ona göre, görüntü düzenlemesi göz için ne kadar önemliyse ses düzenlemesi de kulak için aynı derecede önemlidir. Bu nedenle ses düzenlemesinde de bir denge kurmak gerekir Sinema, televizyon ya da video yapımcıları izleyicinin dikkatinin yapıma çekebilmek ve estetik yapıyı güçlendirmek için çeşitli yollara, yöntemlere başvurur. Örneğin, aydınlatma, hareket, çekim ölçekleri, netlik düzenlemeleri, kamera açısı, sahne düzenlemesi vb. görüntüyü oluşturan ögelerle birlikte ses boyutundan da yararlanarak izleyicinin dikkati çekilebilir, yapımın estetik niteliği yükseltebilir. Ergül'e[(65)] göre, televizyon yapımlarının estetik bir ögesi olan "ses boyutunun" yaratılmasıyla televizyon yapımlarının;

- İkna ya da inandırma gücü arttırılabilir,
- İzleyicilerin dikkatleri odaklaştırılabilir,
- Bunların ışığı altında, izleyicilerin güdülenmeleri ya da harekete geçirilmeleri hızlandırılabilir.

Bugün ülkemizde sinema ve televizyonun en önemli eksikliklerinden birinin estetik eksiklikler olduğu söylenebilir. Konuya ses açısından bakarsak örneğin, bir yapımda gördüğümüz ile işittiğimiz arasında bir

63 Levend Kılıç. **Görüntü Estetiği**, İnkılap Yayınları, İstanbul, 2003, ss. 9-10.

64 Mahmut Tali Öngören, **Senaryo ve Yapım**, Ankara İktisadi ve Ticari İlimler Akademisi Yayın No: 201, Ankara, 1982, s. 393.

65 Reha Recep Ergül, **Televizyon Yapımlarında Ses Boyutunun Yaratılması**, Anadolu Üni., Sosyal Bilimler Enstitüsü Yayınlanmamış Yüksek Lisans Tezi, Eskişehir, 1990, ss. 3-4.

senkronizasyon sağlanamamışsa bu durum izleyiciyi memnun etmeyecektir. Benzer şekilde, bir sahnenin genel çekiminde uzaktaki bir masada çay karıştırılması sesi çok güçlü geliyorsa izleyici bunu kuşkusuz kabullenmek istemeyeceketir. Ya da örneğin çerçeve içinde ağlayan bir çocuğu görüyor fakat sesini işitmiyorsak bu da izleyiciyi tatmin etmeyecektir. Özce, bir yapımın sanatsal açıdan başarılı olabilmesi için estetik kaygıların ön palana alınması gerekir. Bu da yapımın izleyiciler tarafından ilgiyle izlenmesini sağlayacaktır. Bu nedenle görüntüde olduğu gibi "ses boyutu" da sinema, televizyon ve video yapımlarının estetik yapısını kuran, güçlendiren önemli bir ögesidir. Sesin ortaya çıkışıyla birlikte estetik bir yapım ögesi olarak sesin yapımlara katkısının yanı sıra sessizliğin de kendi başına dramatik bir öge olarak kullanılabilmesini sağladı.

Video ve televizyon yapımlarını sinema ile karşılaştırdığımızda sinemaya göre bu araçların sınırlılıkları olarak ekran boyutlarının küçüklüğü, ses niteliği ve izleme ortamından kaynaklanan sorunları sayabiliriz. Sinemada büyük bir perdede, son derece nitelikli seslerle ve karartılmış bir salonda ilgi, dikkat tamamen perdeye yönelir ve kişinin çevreyle ilişkisi söz konusu değildir. Ancak televizyon izlerken çevreden gelen uyarılardan etkilenebiliriz, dikkatimiz dağılabilir. Bu durum özellikle televizyon ve video yapımlarında sese ek bir görev yükler, ses açısından daha titiz bir çalışmayı gerekli kılar. Televizyon ve videonun söz edilen sınırlılıklarından dolayı yapımcılar aydınlatma, renk, hareket, kompozisyon gibi görüntüye ilişkin estetik yapım ögeleriyle birlikte ses boyutundan da yararlanarak yapımın estetik açıdan niteliğini yükseltebilirler. Ses, ancak başarılı bir biçimde kullanıldığı zaman görsel etkiyi arttırıp ona katkıda bulunabilir.

Sözen, sinemada sesin yaşamsal bir öneme sahip olup olmadığı konusunda yapılan kuramsal tartışmalar sonucunda sinemanın görülen ve duyulan bir sanat olduğu konusunda genel bir görüş birliğine varıldığını belirtir. Ona göre ses önemli bir anlatım ögesidir ve bugün bir filmin sessiz çekilmesi düşünülememektedir bile[(66)]. Sesi oluşturan ögelerden konuşma, ses efektleri ve müziğin filme sağladığı gerçeklik duygusunun yanı sıra ses ile görüntünün örtüşerek birbirlerini güçlendirebilecekleri gibi, birbirleriyle çelişerek de alışılmışın dışında anlamlar ve duygular yaratabildikleri bilinmektedir.

6 Mustafa Sözen, **Sinemada Ses Kullanımı**, Detay Yayınları, Ankara, 2003, s. 131.

Görsel-İşitsel Algılama

Günlük yaşamımızda çocukluğumuzdan bugüne, bizi çevreleyen dünyayı nasıl algıladığımız konusu önemlidir. İnsanın dış dünya ile ve bu dünyadaki nesnelerle ilişki içine girmesi, bunları anlaması ve bunlar hakkında çeşitli yargılarda bulunması, kanılarının oluşması, bu nesnelerle ilgili bir davranış geliştirmesi bu nesneleri algılaması ile başlar. İnceoğlu fizyolojik açıdan algılamayı şöyle tanımlar: Algılama, dış dünyamızdaki soyut/somut nesnelere ilişkin olarak aldığımız duyumsal (sensible) bilgidir (enformation). Bu tanıma göre duyu organlarımız aracılığı ile dış dünyadan bilgi edinmeyi söylemiş oluyoruz[(67)]. Güneş ise, algılamanın karmaşık bilişsel bir süreç olduğunu ve anlık olmadığını söyler. Ona göre algı, fiziksel nesnelerin duyu organları aracılığı ile bilincimizde yarattığı uyarımlardır, duyumsal verilerdir. Algılama daha önceki deneyim ve birikimlerin etkilediği çevremizdeki nesne, olay ilişkilere anlam verme ve yorumlama sürecini de içerir[(68)].

Bizi çevreleyen dünya ile iletişim kurma sürecinde nasıl düşündüğümüz, en basit yargılara nasıl vardığımız, kanılarımızın oluşması konularında duyu organlarımıza bakmamız gerekir. Duyu organlarımızdan göz ve kulak dünyayı algılamada en işlevsel organlarımızdır. İnsanlar gördükleriyle ve duydukları ile birçok konu, olay, nesne vb. hakkında bilgi sahibi olurlar.

Bildiğimiz gibi görüntüler görme duyumuzu, sesler de işetme duyumuzu etkiler ve bunun sonucunda da algılama oluşur. Gördüğümüz her şey, her bir görünütü karesi bize mutlaka bir enformasyon verir. Aynı şekilde duyduğumuz her ses de bir enformasyon verir bize. Beynimiz de her seferinde bu bilgileri hafızasına aktarır. İnsan gözü, kulağı ve beyni çocukluktan başlayarak daha önce kazandığı bilgiler ve deneyimler doğrultusunda gördükleri ve duydukları tanımladığı için zihnimizde görüntü ve ses uyaranlarına bağlı olarak algılama sonucu oluşan görsel-işitsel şemalar bilincimizde saklı bulunmaktadır. Yeni bir durumda karşılaşılan görüntüler ve sesler üzerine zihin bu şemaları uyarlayarak o nesnenin ne ve nasıl olduğunu tanımlayabilir[(69)].

---

67 Metin İnceoğlu, **Tutum Algı İletişim**, V Yayınları, Ankara, 1993, s. 42.

68 Sadık Güneş, **Medya ve Kültür**, Vadi Yayınları, Ankara, 1996, ss. 99-101.

69 A. Şükrü Künüçen, **"Görsel Algılama ve Renk"**, İletişim, Gazi Üniversitesi İletişim Fakültesi Dergisi, Gazi Üniversitesi Basımevi, Sayı 3, Ankara, 1996, s. 186.

Sürekli olarak, bir tür karşılaştırma yoluyla duyu organlarımız tarafından algıladığımız şeylerin beynimizdeki şemalarla karşılaştırılarak tanınması ve anlaşılması eylemi gerçekleştirilmektedir. Dolayısıyla duyu organlarımız aracılığı ile aldığımız enformasyonlar ile sadece bir enformasyon birikimine sahip olmakla kalmıyor, çevremizde ne olup bittiğini de anlamaya çalışıyor, yargılara, kanılara da sahip oluyoruz. Görsel ve sözel algılamanın temelinde yatan iki gerçek; bilgi ve bunun sonucunda ortaya çıkan deneyim yani geçmiş yaşantıların izlenimleridir. Konuyu görüntü açısından ele alırsak çocukluğumuzdan bu yana gördüğümüz örneğin kedi şekli görme duyu organı olan gözümüz tarafından algılanmış ve hafızamıza kaydedilmiştir. Biz bir görüntü çerçevesinde kedinin sadece kuyruğunu ya da ayağını görürsek bu hayvanın kedi olduğu yargısına kolayca varabiliriz. Ses açısından da durum yine aynıdır. Daha önce algıladığımız bir sesin kaynağını görmesek de onu tanımlayabiliriz. Örneğin, bir ambulansın sesini duyduğumuzda ambulansı görmesek de bu sesin ambulansa ait olduğunu söyleyebiliyoruz. Dolayısıyla biz dünyayı duyu organlarımız aracılığı ile algılıyor ve tanımaya çalışıyoruz. İşte burada alanımızla ilgili olarak görüntü ve ses çok önemli bir öge olarak karşımıza çıkıyor. Bu iki öge ile algılamanın dış müdahalelerle kontrol edilip yönlendirilebileceği konusu sinema ve televizyonun ve genelde iletişimcilerin ilgi alanına girmektedir.

Görme ve İşitme Duyusu

İnsan güzü normal olarak 120 derecelik bir görüş alanına sahiptir. Bu alanın dışındaki bir şeyi görebilmek için o yöne doğru yönelmemiz, başımızı çevirmemiz gerekir. Oysa işitilebilir bir ses hangi yönden gelirse gelsin, işitme duyumuzca algılanabilir. Kulağımızın 360 derecelik bir duyum alanı olması nedeniyle ses kaynağına doğu yönelmemiz gerekmez. İşitme duyumuzun bir özelliği de zihnimizde bir seçme yapmayı gerektirmesidir. Herhangi bir sesi algılayabilmemiz o andaki ruhsal durumumuzla ilgilidir. Ortamda birden çok ses kaynağı varsa ve o seslerden sadece birisi kişiyi ilgilendiriyorsa kişi diğer sesleri algılamadan sadece ilgilendiği sese yoğunlaşıp yalnızca onu duyabilir. İşitme duyumuzun bir başka özelliği de, işitme duyumuzu görme duyumuzda ayrı kullanabilmemizdir. Bir şeye bakar, ama o anda başka bir sesle ilgilenebiliriz(70).

70 Güner Sarıoğlu, **Televizyon Program Yapımı ve Yönetimi**, Ankara Üniv., S.B.F. Yayınları No:389, Ankara, 1976, s. 95.

Anlaşılacağı gibi zihnimizin belli bir andaki çabasına bağlı olarak, işittiğimiz çeşitli sesler arasından ancak o anda doğrudan ilgilendiğimiz sesi duyarız. Dikkat hangisinde ise, zihne o egemen olur. Örneğin, aynı anda hem okuyan hem de müzik dinleyen bir kişide dikkat hangisinde ise, zihne o egemen olur. Benzer şekilde, karşımızdaki bir kişiyi dinlerken, görme duyumuzla bir başka şeyi izleyebiliriz. Bu seçebilme yetisi, işitme organını neredeyse eşsiz bir duyu hâline getirmektedir. İşte burada çok önemli bir konuyla karşı karşıya kalıyoruz: İşitme duyumuz bir mikrofon gibi çalışmakla beraber sinema-televizyonda sesi alan mikrofon ile sesi algılayan işitme duyusu arasında temel bir ayrımının olduğunu görüyoruz. Özön[71], işitme duyumuzun söz ettiğimiz "seçme" özelliklerine karşılık mikrofon hiçbir seçme yapamadığını vurgulayarak bunu bir örnekle açıklar. Nasıl ki bir objektif görüş alanına giren bir nesneyi olduğu gibi görüntüye aktarıyorsa mikrofon da kendine ulaşan her sesi ayırmaksızın toplar. Mikrofon nereye yerleştirilmişse, ses kaynağına göre durumu neyse nasıl ayarlanmışsa, sesi buna göre alır. İşte bundan dolayı, sinemacılar ya da televizyoncular görüntülerinde yaptığı seçmeyi, düzenlemeyi ses içinde yapmak zorundadır. Örneğin çok sayıda insanın konuştuğu bir ortamda özellikle birinin konuşması etkin ses olarak alınmak isteniyorsa seçilecek mikrofonun yapısı, türü, özelliği, o kişiye uzaklığı, konumu, sesin seviyesi gibi özelliklerin dikkate alınması gerekecektir.

Yapımlarda işitme duyumuzun özelliklerinden dramatik etkiler sağlamak için de yararlanılır. Örneğin güçlü bir ses efekti ile izleyicinin meraklandırılması, korkutulması mümkün olabilir ya da dikkati bir başka noktaya çekilebilir. Sinema televizyonun nitelikli yapımları incelendiğinde, sesin nasıl önemli bir işlevi olduğu ve bu yapımlarda nasıl bir öneme sahip olduğu hemen görülebilir. Ses her şeyden önce, sinema ve televizyonda gerçeğe daha çok yaklaşmamızı sağlar. Ses günlük yaşamımızın ayrılmaz bir parçası olduğuna göre yapımlarda da yer alması kuşkusuz kaçınılmazdır. Sinemada sesin ortaya çıkışı aynı zamanda sessizliğin de kendi başına dramatik bir öge olarak ele alınabilmesini sağlamıştır. Çünkü sessizliğin yarattığı bir anlam vardır. Büyük bir uğultunun, şiddetli bir gürültünün ya da konuşmaların birdenbire kesilmesinin, ortalığın derin bir sessizliğe bürünmesinin ne kadar büyük bir etki yaratacağı açıktır.

71 Nijat Özön, **100 Soruda Sinema Sanatı**, Gerçek Yayınevi, İstanbul, 1972, s. 108.

Aynı şekilde son derece sessiz bir sahnede, ufak bir gürültüden şiddetli bir patlamaya kadar, bir fısıltıdan bir çığlığa kadar çeşitli seslerin çok etkili olarak kullanılması da mümkündür.

Genellikle sinemanın, televizyonun, videonun öncelikle görsel bir iletişim aracı olduğu yaklaşımına değinmiştik. Ancak hiçbir zaman bir yapımda sesin ikinci derecede önem taşıdığı anlamı çıkarılmamalıdır. Her ne kadar sinema, televizyon ve video öncelikle görsel bir araç olarak tasarlanmışsa da bir sinema, televizyon ya da video yapımının görsel yanı genelde işitsel yandan daha az bilgi içerir. Bunu anlamak için örneğin, bir televizyon programında yalnızca görüntülere bakmanız yeterlidir. Neler olup bittiğini anlamakta güçlük çekersiniz. Ama sadece sesleri dinleyerek ekranda olan biten hakkında bir bütünlük kurmada çok az sıkıntı çekersiniz. Normal olarak, televizyonda işitsellik görsellikten daha çok bilgi vermektedir.

Sinema, televizyon ve video yapımlarında ses, yapımın mesajın önemli bir kısmını taşır ve yönetmenin dikkatini bu konuya çeker. Nasıl ki yönetmen görüntü boyutunu yaratırken konuyu kendi görselleştirme süzgecinden geçiriyorsa zihinsel süzgecini ses boyutu için de yapım öncesinde kullanmalıdır. Sinema, televizyon ve video yapımlarında görsel boyut ses boyutuyla birlikte düşünülüp, planlandığında istenilen amaçlara ulaşmak kolaylaşır. Yani, ses çekim öncesi görüntüyle birlikte planlanmalıdır. Ses düzenlemesi işi senaryo yazarı ile başlar. Hiçbir zaman görüntü ve sesin birlikte bir bütün oluşturdukları ve yapımı daha anlamlaştırdıkları gerçeği göz ardı edilmemelidir. Sesin görüntüye eklemlenmesi, anlatıma zenginlikler ve yeni bir boyut katmış, olayın, öykünün anlaşılmasına daha bir açıklık, kesinlik getirmiştir.

Sinemanın ilk yıllarda sessiz görüntüler genellikle bir müzik eşliğinde sunuluyor sahnenin atmosferi, duygusu müzikle oluşturulmaya çalışılıyordu. Sesin eksikliği perdenin yanında duran bir kişinin görüntüleri, öyküyü, karakterleri kendi yorumuyla açıklaması ya da canlı olarak gerçekleştirilen müzikle giderilmeye çalışılıyordu. Ancak aynı filmi bir başka kişi farklı anlamlara gelecek şekilde yorumlayabiliyordu. Özellikle müzik uzun yıllar sinemada sesin eksikliğini kapatmak için kullanıldı. Sinemanın ilk yıllarında da sese hep gereksinim duyuldu. Çünkü her şeyden önce ses "gerçeklik" duygusu yaratıyor ve görüntülerin inandırıcılığını sağlıyordu.

Sinema, Televizyon ve Video Yapımlarında Ses-Görüntü İlişkisi

Daha önce söz edildiği gibi sinema televizyon ve video yapımları, görüntü, ses ve hareketten oluşur. Yapımları oluşturan bu üç temel öge belirli kurallar çerçevesinde değişebilen bir birleşimdir. Bir yapım içinde bazen bu ögelerden birinin diğerlerine göre daha etkin olduğu görülebilir. Bu durum yönetmenin anlatış biçimine, amacına, konuya göre değişiklik gösterebilir. Ancak özel bir amaç dışında normal koşullarda görüntü, ses ve hareket ögelerinden birisinin yapım içindeki işlerliğinin azalması ya da kaybedilmesi yapımı olumsuz bir biçimde etkileyerek hedeflenen amaca ulaşmayı güçleştirebilir. Yapımlarda öncelikle görüntü ve sesin uygun bir şekilde birleşmesi beklenir. Ses-görüntü uyumluluğu yapımın izleyiciler üzerindeki etkisini artırır. Bir yapımda ses ve görüntü yapıma katkıda bulunacak şekilde uyum içinde değillerse görüntü hemen ekrana ya da perdeye egemen olur. Çünkü insanların gördüklerine daha fazla inanma eğilimleri vardır ve bu nedenle izleyiciler olayı derinlemesine algılamadan uzaklaşacaklardır. Bir yapımda görüntü ve sesin bir mesajı birlikte iletmeleri tek tek iletmelerinden çok daha etkilidir. Bu da çoğunlukla sesin doğrudan görüntü ile ilişkili olarak düşünülmesine neden oluşturur. Sinema, televizyon ve video görsel-işitsel bir iletişim aracıdır. Ekrandaki ya da perdedeki olaylar izleyici tarafından içeriğindeki görüntü ve sesin birbirlerine oranla ilişkisine göre değerlendirilir. Eğer iletilecek mesajlar öncelikli olarak görsel ise, o zaman yapımda görüntüye ağırlık verilir. Ama mesajlar genel olarak işitsel amaçlı ise ses üzerine yoğunlaşmamız gerekir.

Bilindiği gibi ses bir titreşim hareketi ile ortaya çıkar. Ortaya çıkan seslerden bazıları ses, bazıları gürültü olarak tanımlanır. Ses ve gürültü arasında ayırt edici öge iletişimin amacıdır. Yani neyin ses neyin gürültü olduğunu iletişimin amacı belirler. Örneğin trafikteki araçların çıkardığı sesler gürültüdür. Ancak gürültüyü kayıt ederek belli bir amaca yönelik olarak kullanırsak gürültü ses hâline dönüşür. Çevre sorunlarından olan gürültünün konu edildiği bir yapımdaki sesler gürültü değil ses olarak tanımlanır.

Sinema, Televizyon ve Video Yapımlarında Sesin Temel İşlevleri

Zettl'a göre ses, yapımlarda üç önemli işlevi yerine getirir: 1. Gerekli ya da ek bilgi sağlamak, 2. Ruhsal atmosferi oluşturmak ve estetik enerji katmak ve 3. Yapımlardaki olayların ritmik yapısına katkıda bulunmak(72).

1. Gerekli ya da ek bilgi sağlamak

Genel olarak nesneleri, varlıkları, olayları, durumları göstermekten çok daha hızlı ve daha doğru bir şekilde sözle anlatabiliriz. Bazen bir sözcük çok sayıdaki görüntüden daha etkindir. Örneğin adalet, özgürlük, doğruluk, öğrenme, verimlilik gibi kavramları görüntü ile anlatmak oldukça zordur. Yine örneğin, telefonda bir arkadaşımıza "Çarşamba günü saat 09:30'da kütüphanede buluşalım." demek, bunu görüntülerle anlatmaya çalışmaktan çok daha kolaydır. Sözcüklerin nispeten açık anlamlar içermeleri ve onları kullanma yöntemlerinin belirlenmiş olması, sözlü dili son derece esnek ve etkin bir iletişim aracı yapar. Birkaç sözcük izleyiciye olayın nerede geçtiğini, ne zaman olduğunu, daha önce neler olup bittiğini, gelecekte neler olabileceğini, şu an durumun ne olduğu hakkında hemen bilgi verebilir.

Sözcükler aynı zamanda görsel mesajı destekler, onun üzerinde yorum yapılabilmesine olanak verir. Mesajımız ne denli kavramsal, somut algılardan uzak ise o kadar sözlü dile güveniriz. Karmaşık duygu ve düşüncelerin anlatımında yalnızca görüntüler yeterli olmaz, kısmen de olsa sözlü iletişime başvurmak zorunda kalırız.

2. Ruhsal atmosferi oluşturmak ve estetik enerji katmak

Sesin bir başka önemli işlevi de olayın ruh durumunu, duygusal içeriğini kurmaya yardımcı olmaktır. Mutlu, coşkulu ya da neşeli bir müzik ekrandaki ya da perdedeki olayı genel olarak bu yönde vurgulayabilir. Üzgün ya da karamsarlık, kötü duygular uyandıran bir müzik ise, öncekinin tam tersi bir durumu ortaya koyacaktır. Hatta görüntüler tarafsız ya da olumlu bir atmosferi yansıtsa da bu görüntülere eşlik eden karamsar temalı bir müzik izleyicide olumlu görselliğin üstüne çıkarak olası bir felaket etkisi yaratarak izleyici üzerinde daha etkili olabilir.

Müzik veya diğer ses efektleri olayın görsel boyutuna ek estetik enerji sağlayabilir. Örneğin çizgi filmler enerji kaynağı olarak büyük ölçüde müzik ve ses efektlerine dayanır. Ses ve görüntünün oluşturdukları

[2] Herbert Zettl, **Sight Sound Motion: Applied Media Aesthetics**, Wadsworth Publishing Company, Belmont, California, 1973, ss. 330-331.

birliktelik yapımın bütününde estetik enerji olarak ortaya çıkar. Müzik ve ses efektleri gösteri sanatlarında enerji veren ögeler olarak kullanılmaktadır.

3. Yapımlardaki olayların ritmik yapısına katkıda bulunmak

Yalnızca görüntüler görsel bir bütün olarak dikkat çekmezler. Ses ritmi görsel devamlılık için önemli bir yapısal öge olarak iş görebilir. Ses ve görüntü ritimleri birbirine paralel olduğunda toplam yapı birleşir ve yapımın tümünde birleşik ve istikrarlı bir yapı oluşur.

Millerson sesin hangi işlevleri olabileceği sorusunu şöyle yanıtlar[(73)]:

Gerçekçi: Doğrudan bilgi iletme. Örneğin normal konuşma sesleri gibi.

Çevresel: Mekânı belirleme. Örneğin bir sokak sahnesini düşündüren trafik sesleri gibi.

Yorumsal: Fikirlerin, düşüncelerin, duyguların çeşitli seslerle yorumlanması.

Simgesel: Mekânların, ruhsal durumların, olayların simgesel seslerle tanımlanması. Örneğin bir siren sesinin tehlikeli bir durumu simgelemesi gibi.

Taklit edici: Sesin, sesli karakterlerin, hareketlerin vb. taklit etmesi. Örneğin bir kuşun seslerini taklit eden bir müzik gibi.

Tanımlayıcı: Belirli kişileri ya da olayları tanımlama. Örneğin belli bir müziğin bir kişiyi ya da bir olayı tanımlaması. Bu müziğin her duyuluşunda o kişinin ya da olayın hatırlatılması gibi.

Özetleyici. Daha önce tanıdığımız yani duyduğumuz sesleri hatırlatmak.

Birleştirici. Sahneleri, olayları vb. sesle birleştirmek. Bir sahneden diğerine geçişte kullanılan ses köprüsü gibi. Örneğin, bir sahnenin sonunda arkasından gelecek olan sahnenin seslerinin duyularak bu iki sahnenin sesle birleştirilmesi.

Sıraralayıcı. Dramatik veya komik etkiler oluşturmak için seslerin birbirini takip edecek ya da karışık olacak şekilde düzenlenmesi.

---

73 Gerald Millerson, **The Technique of Television Production**, London and New York: Focal Press, 1968, s. 211.

Gerçek Sesler ve Üretilmiş Sesler

Zettl sinema ve televizyondaki sesleri iki temel başlık altında ele alır: gerçek sesler ve üretilmiş sesler[74].

Gerçek sesler (Belli bir zamanı, bir olayı, bir durumu, bir nesneyi çağrıştıran sesler)

Bilgiyi doğrudan doğruya yalın, düz bir yolla anlatan seslerdir. Sesin kendisi ifade ettiği şeyden daha az öneme sahiptir. Bir başka deyişle, gerçek seslerde sesin içerdiği anlam ön plandadır. Her türlü konuşma (diyalog, anlatım ve doğrudan hitap etme) gerçek ses sınıfına girer. Sözlü açıklamalar yani, konuşmanın içeriği belirli bir anlamı ifade eder. Diğer gerçek seslerde de bu böyledir. Örneğin bir bebeğin ağlama sesini duyduğumuzda kendisini ekranda ya da perdede görmesek de hemen bu sesi gerçek olayla ilişkilendiririz: ağlayan bebek. Yani gerçek sesi gönderme yaptığı şeyle bir başka deyişle, sese kaynaklık eden şeyle birleştiririz. Gerçek sesler içinde bulunduğumuz zaman, mekân ve durumlar hakkında çıkarımlar yapmamıza yardımcı olur. Örneğin trafik gürültüsü ve bir araba korna sesi duyduğumuzda bu sesleri zihnimizde bu seslere kaynaklık eden görüntülerle ilişkilendiririz ve nerede olduğumuzu anlarız. Benzer şekilde, bir kurdun uluma sesi hayvanın kendisini tanımlar, tehlikeli bir durumu bildirir. Ancak gerçek seslerin simgelediği şey biliniyorsa bu ses bizi sesin kaynağı ile ilgili konuya yönlendirebilir. Aksi durumda duyduğumuz sesler bir anlam ifade etmez. Örneğin eğer birisi ambulans sesini daha önce hiç duymamışsa bu sesin duyulması durumunda kişinin zihninde ambulansın görüntüsü oluşamaz. Özce, gerçek seslerin kullanımı için sesin içerdiği sembollerin önceden bilinmesi gerekir.

Gerçek seslerden konuşmanın türleri

Bir ses ögesi olan konuşmayı üç başlık altında inceleyebiliriz: Bunlar "diyalog", "anlatım" ve "doğrudan hitap etme"dir.

Diyalog, iki ya da daha fazla kişi arasındaki karşılıklı konuşmalardır. Diyalog, olayın (konunun) neyle ilgili olduğunu ve olaylar dizisinin (öykünün) ne yönde geliştiğini anlatmanın, öyküdeki insanlar hakkında özel bir şey söylemenin (karakterleri tanımlama) ve olayın nerede, ne zaman ve hangi koşullar altında geçtiğini tanımlamanın başlıca aracıdır. En önemlisi,

74 Zettl, 1973, ss. 332-338.

belli karakterleri tanımlamak (tarif etmek) için diyalogları kullanırız. Bir kişinin konuşma tarzı onun davranışları, diğer kişilere ve belli olaylara karşı tepkileri hakkında genel bilgiler verir. İyi yazılmış diyaloglar izleyiciye belli bir durumda bir karakterin nasıl davranabileceğine dair bazı ipuçları verir. İyi bir diyalog, genel bir kişilik tipini tanımlamanın yanı sıra, belirli bir bireyin kendine özgü karakteristik özelliklerini tanımlayabilmelidir. İyi diyalog doğal görünen, izleyicide gerçeklik izlenimi veren diyalogtur. Diyaloglarda, konuşmanın doğal seslendirilmesi ve inandırıcı olması, karakterleri verme bakımından önemlidir. Karakterlerin konuşmaları onların kim olduklarını, nerede yaşadıklarını, belirli bir zamanda ne yaptıklarını, eğitimini vb. bilgileri yansıtırlar. Senaryoda bu bilgiler yer almasa da izleyiciler diyaloglardan bunları çıkarmalıdır. Başka bir ifadeyle, konuşmanın sözlü içeriği, anlam için gereklidir.

Diyalog yazımında yazar ses içeriğini de düşünmelidir. Örneğin, bir karakterin yaşadığı yer bir köy ise kullandığı sözcükler, cümleler yani, diyaloglar buna göre yazılmalıdır. Benzer şekilde olay örneğin, 18 yy.da İstanbul'da geçiyorsa ve oyuncular bu dönemdeki karakterleri canlandırdığında o zamana uygun cümle yapıları ile konuşmaları gerekecektir. Bunun aksine, oyuncuların bugünün Türkçesiyle konuşmaları inandırıcı ve gerçekçi olmaz ve kişiler, zaman, mekân ile ilgili gerekli ayrıntıları veremez.

Yine örneğin, sözsüz seslerden olan bir aksan bile bir karakterin kültürlü mü ya da kaba birisi mi olduğunu tanımlayabilir. Örneğin bir Karadeniz şivesi anlatıma bir renk katabilir ve olayın geçtiği yerin Karadeniz olduğu bilgisini izleyiciye verebilir.

Anlatım, temel olarak ek bilgi sağlamak için kullanılır. Anlatım kamera için ya da kamera dışı olabilir. Kamera için anlatımda anlatıcı bir gözlemci gibi sahneleri tanımlar. Diğer bir deyişle, ekranda bir yandan görüntüler akarken diğer yandan bir anlatıcı sahnede gördüklerini anlatır. Buna örnek olarak, bir futbol maçı yayınında maçı anlatan sunucunun anlatımını verebiliriz.

Çoğunlukla anlatım kamera dışıdır yani, anlatıcı sahnede görünmeden sahneyi anlatır. Anlatıcı görüntülerin üstüne öykünün, olayların nasıl ilerlediğini anlatır. Örneğin, haber programlarında veya belgesel yapımlarında anlatıcı görsel olarak anlatılamayan olayların ayrıntılarını anlatır. Burada dikkat edilmesi gereken bir nokta; görüntülerin tanımladığı şeyleri bir de sözle tekrarlamaktan, gereksiz anlatımlardan kaçınılmasıdır. Örneğin, bir sahnede bir kişinin otomobilden indiği görülüyorsa anlatıcının da aynı şeyi sözle söylemesi anlamsızdır, gereksizdir. Görüntülerin içerdiği bilgilerin ne kadar az ya da çok bilgilendirici olduğuna bakarak buna göre daha az ya da daha çok anlatıma gereksinim duyulur. Anlatım, yapımdaki olayların tarzı ve genel ruh hâli ile uyuşmalıdır. Genel olarak televizyonda sinemaya ve videoya göre daha fazla anlatıma ihtiyaç duyulur.

Doğrudan hitap etme. Televizyonda ekrana çıkanlar çoğunlukla izleyiciyle doğrudan konuşurlar. Bu durumda izleyici artık pasif bir gözlemci, tanık olarak kalmıyor olayın, iletişim sürecinin bir parçası hâline geliyor. Televizyon böyle bir doğrudan hitap etme yöntemine uygun bir araçtır.

Çoğu insan televizyonu evlerinde izler. Televizyon ekranına çıkanlar izleyicilere çeşitli bilgiler aktaran ve bir sohbet için eve gelen bir ziyaretçi gibi görülürler. Ekrandakiler sık sık izleyicinin karşısına çıkarsa daha çok tanınırlar ve evin gündelik bir parçası hâline gelirler. Televizyon genellikle bir ya da birkaç kişiyle izleniyor. Bu nedenle televizyondaki konuşmacı milyonlarca kişiye değil yalnızca bir ya da birkaç kişiye hitap ediyor, onlarla sohbet ediyor gibi davranmalı ve izleyiciyle yakın bir iletişim içinde olmalıdır. Yetenekli bir konuşmacı kendisini herhangi birinin evinde misafir gibi düşünmeli, doğrudan hitaplarında içten, doğal, nazik ve saygılı olmalıdır.

Gerçek seslerin yönlendirme işlevleri

Gerçek sesler bize genel bilgiler verir ve bizi mekâna, zamana ve belirli olaylara, durumlara yönlendirmeye yardımcı olur.

Mekânsal yönlendirme: Gerçek sesler olayın geçtiği yerin neresi olduğunu anlamamıza yardımcı olur. Örneğin bir sahnede bir odanın yalnızca içi görünse de duyulan vapur düdüğü sesi sahnede geçen olayın denize yakın bir yerde geçtiğini tanımlar ve denize yakın bir mekânı çağrıştırır. Benzer şekilde trafik sesleri, korno sesleri mekânın şehirde olduğunu belirtir. Gerçek sesler yarattığı boyutla izleyiciyi mekâna yönlendirir.

Zamansal yönlendirme: Gerçek sesler izleyiciyi zaman hakkında bilgilendirebilir, günün değişik saatlerine hatta mevsimlere yönlendirebilir. Örneğin çalar saatin sesi sabah saatlerini belirtir. Baykuş sesi zamanın gece olduğunu açıklar. Benzer şekilde kuzuların sesi mevsimin bahar olduğunu tanımlar.

Durumsal yönlendirme: Gerçek sesler izleyiciye olaylar, durumlarla ilgili bilgiler verir. Bir sahnede bir iç mekân (oda, salon, mutfak vb.) görünmesine karşın dışarıdan gelen aşırı köpek havlama sesleri birisinin geldiğine işaret eder. İtfaiye sesleri yangın olduğunu belirtir. Bir hastanın düzensiz nefes alma sesi hastanın durumunun kötüye gittiğini belirtebilir.

Üretilmiş sesler (Belli bir zamanı, bir olayı, bir durumu, bir nesneyi çağrıştırmayan sesler)

Üretilmiş seslerin belli bir anlamı yoktur. Bir amaç için üretilmiş seslerdir. Gündelik yaşamla ilişkisi olan sesler değildir. Sesin kaynağına gönderme yapmaz. Daha çok belirli bir görüntüyü veya duyguyu çağrıştırır. Üretilmiş seslerin en çok kullanılan biçimi müziktir. Film müziği, program müziği gibi. Müzik özellikle duygusal atmosferi oluşturmada önemli bir ögedir. Üretilmiş sesler gerçek seslerde olduğu gibi tek başına görüntüyü yönlendirmez, görüntüyle bir birliktelik oluşturarak onu zenginleştirir.

Yapımlarda çoğu kez gerçek ve üretilmiş sesler karıştırılarak birlikte verilir. Böylece hem bir olayın kendisini hem de olayın durumunu tanımlayabilirsiniz. Örneğin koşan bir kişinin ayak sesleri ve polis otosunun siren sesi ile kaçan kişinin koşmasını ve heyecanını betimleyen hızlı bir müziğin birleşmesinde olduğu gibi. Bu ses karışımı izleyiciye olayın ne olduğunu ve nasıl hissettirdiğini iletir.

Ses efektleri ve müzik

Sinema, televizyon ve video yapımlarında ses efektleri yapımın konusunun anlatımına yardımcı olmak ve izleyicinin dikkatini belli yerde yoğunlaştırmak için kullanılır. Ayak sesi, dalga sesi, yere düşen bir eşyanın sesi, rüzgar sesi vb. Ses efektleri anlatılan konuya derinlik, canlılık ve gerçeklik sağlar, görüntüyü destekler.

Sinema, televizyon ve video yapımlarında sesi oluşturan önemli ögelerden biri de müziktir. Müzik, genel olarak görüntülerle bir bütünlük oluşturmak için kullanılır. İnsan duyguları üzerinde yarattığı etkinin çok güçlü olması nedeniyle müzik, insan yaşamının ve yapımların vazgeçilmez bir ögesi olmuştur. Bu nedenle bir senaryo yazarının ve bir yönetmenin müziğin bir yapımda ne amaçla ve nasıl kullanılacağını iyi bilmesi gerekir. Kuşkusuz bu, her yapımda mutlaka müzik kullanılmalıdır anlamına gelmemelidir. Senaryo yazarı ve yönetmen müzik hakkında yeterli bilgiye sahipse; bir yapımda müziğe gerek olup olmadığına ya da nasıl bir müzik kullanılması gerektiği gibi konularda doğru kararlar verebilir. Kuşkusuz müziğin yerinde ve doğru kullanımı bir yapıma olumlu katkılarda bulunur. Kötü bir senaryoda müziğin iyi kullanımı sayesinde nasıl ki yapıma olumlu katkısı olabiliyorsa iyi senaryoların da müziğin kötü kullanımıyla nasıl zarar gördüğü de başka bir gerçektir.

Wurtzel, yapımlarda müziğin 1. tema müzik ve 2. fon (dip) müziği olarak iki şekilde kullanıldığına işaret eder(75).

Tema müzik, yapımın açılış ve kapanışında kullanılan müziktir. Bir programın açılışında kullanılan müzik, izleyicinin programla ilgili olarak duyacağı ilk sestir. Bu nedenle seçilecek müzik her şeyden önce izleyicinin dikkatini çekmeli, merak uyandırmalı ve yapımın konusuna/temaya izleyiciyi hazırlamalıdır. Tema müzik bir yapımın nasıl bir yapım olduğu konusunda izleyiciye ipuçları verir. Örneğin bu yapım bir aksiyon, güldürü, dini vb. türünde bir yapımdır gibi. Tema müzik programlar arasında geçiş işlevini de sağlar. Tema müziği, bazı durumlarda dip müziği olarak da kullanılır.

Fon (dip) müziği, programın atmosferini, bütünlüğünü sağlamak için kullanılır. Bu müzik çeşitli sahnelerin arkasında ya da geride kullanılır. Fon müziği, yapımın temel konusunun önüne geçmeden ustalıkla kullanılarak yapımın izlenebilirliğini arttırabilir. Fon müziğini özellikle dinlemedikçe, bir yapımda müziğin var olduğunun farkına varmayız. Ancak fon müziği uygun biçimde kullanıldığında bir sahnenin ya da yapımın bir bölümünün genel havasını veya ruh durumunu sağlamada, bir sahnenin duygusal yapısını güçlendirmede büyük bir katkısı olacaktır. Kullanım biçimi ve ritim açısından gereğinden fazla etkin olan bir fon müziği, yapımın anlatım bütünlüğünü dağıtabilir. Genel olarak, fon müziğinin temel konunun önüne geçmemesi, temel konudan çok daha etkin olmaması gerektiğini söyleyebiliriz. Ancak görsel anlamı güçlendirmek için bilinçli olarak fon müziği ön plana çıkartılabilir.

---

75 Alan Wurtzel, **Television Production, Second Edition**, McGraw-Hill Book Company, Singapore, 1985, ss. 235-236.

Ses efektleri ve müziğin işlevleri

Ergül sinema, televizyon ve video yapımlarında ses efektlerinin ve müziğin benzer işlevleri olduğunu ifade eder: Bu işlevler; mekânı tanımlama, yeri saptama, çevre yaratma, hareketi vurgulama ve kuvvetlendirme, kimliği belirleme, sahneyi kurma, karşıtlık sağlama, sembolik olma ve sahneler arasında geçişleri ve sürekliliği sağlama birleştirmedir(76). Ses efektleri, hareketin yönünün, uzaklığının, konumunun ve boyutunun saptanmasıyla mekânı tanımlayabilir. Algılanan sesin ne kadar yakın ya da uzak olduğu, ses seviyesinin şiddeti tarafından belirlenebilir. Değişen ses seviyesi ile hareketi göstermek mümkündür. Nesnelerin hareketi ve yer değiştirmesi, aynı zamanda uzaklık ve hareketin yönünün saptanmasına yardımcı olur. İki ya da daha çok ses kaynağının birbirine olan uzaklığı sesin konumunu belirler. Örneğin, iki kişi konuşurken, bir araba kornası çaldığında, bu üç kaynağın doğal ses seviyelerinin ilişkileri, onların birbirlerine olan uzaklıklarını belirleyebilir.

Bir martı sesi, denizi anımsatır ve olayın nerede geçtiğinin saptanmasına yardımcı olur. Yani olayın yerini belirtir. Bu martı sesine, dalga sesi ve rüzgar sesi eklendiğinde, ses efektleri çevreyi oluşturur. Ses efektleri hareketi vurguladığında, izleyicinin dikkatini harekete doğru yoğunlaştırır. Bu şekilde hareketin ses efektleriyle kuvvetlendirilmesi dramatik etkiyi arttırır. Örneğin çizgi filmlerde bu şekilde sıkça kullanılan ses efektleri koşan, çarpan, kaçan ya da kovalayan bir karakterin etkisini yükseltir. Ses efektlerinin kimliği tanımlama işlevi ise yaygın olarak kullanılır. Örneğin bir miyavlama sesi bir kediyi tanımlar. Kötü bir gülüş kötü bir karakteri tanımlayabilir.

Genellikle ana olayın arka planındaki işitsel enerjinin varlığı ya da yokluğu ile sağlanan ses efektleri sahneyi kurmaya yardımcı olur. Örneğin, bir polis karakolunda iki görevli arasında normal bir ses seviyesindeki karşılıklı konuşmalar, sağa-sola giden insanların ayak sesleri, telefon çalma sesleri, telsiz sesleri, kâğıt hışırtılarının sesleri gibi görüntüye bağlı ses efektleri bu sahneyi çok daha canlı hâle getirecektir.

Ses efektleri umulandan ya da beklenilenden farlı olduğunda karşıtlık sağlayacağından, harekete bir yorum olarak eklenir. Örneğin, bir lambanın düğmesine basıldığında duyulması beklenen "tık" sesi yerine bir tuvalet sifonunun sesi işitilirse komik bir etki yaratır.

---

76 Reha Recep Ergül, **Televizyon Yapımlarında Ses Boyutunun Yaratılması**, Anadolu Üni., Sosyal Bilimler Enstitüsü Yayınlanmamış Yüksek Lisans Tezi, Eskişehir, 1990, ss. 51-55.

Ses efektleri sembolik olarak da kullanılmaktadır. Örneğin, bir hapishanedeki mahkumların uzaktaki bir trenin düdük sesini duymaları tartışmanın özgürlük üzerine olduğunu simgeler.

Ses efektleri, yapımlardaki geçişleri ya da sahneler arasındaki sürekliliği sağlar. Örneğin, bir sahnenin sonunda kullanılan ses efektleri duraksamadan gelecek sahneye kadar devam ettiğinde, yeni bir sahne başlamadan önce, sahne ses efektleri tarafından tanımlandığında ve bir sahneden diğerine örneğin aniden kesme ile geçildiğinde, ses efektleri sahneler arasında sürekliliği sağlamış olur. Ayrıca ses efektlerinin bir sahnede izleyicinin dikkatini bir noktaya çekmede önemli bir işlevi vardır. Örneğin dalgalı denizde bir yelkenliye çarpan yoğun dalga sesi, denizde hareket hâlinde olan geminin tehlikeli bir durumda olduğu konusunda izleyicinin dikkatini bu noktaya yoğunlaştırır ve dramatik etkiyi kuvvetlendirir.

Ses efektleri zamanı belirtme amacıyla da kullanılabilir. Örneğin ağustos böceği sesi yaz aylarını, kuzu meleme sesleri baharı, horoz sesi sabahın erken saatlerini belirtebilir.

Yapımlarda kullanılan müzik sahnenin duygusal yapısını güçlendirebilir, dramatik etkisini yükseltebilir, çeşitli düşünceleri vurgulayabilir, coşkuyu artırabilir, bir birinden ayrı olayları ve sahneleri birleştirerek sürekliliği sağlayabilir, insanların kişiliklerini, yeri-mekânı ve zamanı belirtebilir, kişilerin ruhsal yapısını ortaya koyabilir, önemli noktalara dikkati çekebilir, hareketi kuvvetlendirebilir.

Yapımlarda kullanılan müzik yeri (mekânı), zamanı belirtebilir, atmosfer ya da ruh durumu yaratabilir, sahnenin duygusal yapısını güçlendirebilir, dramatik etkisini yükseltebilir, çeşitli düşünceleri vurgulayabilir, coşkuyu artırabilir, karakterleri, olayları, programları tanımlayabilir, insanların kişiliklerini belirtebilir, kişilerin ruhsal yapısını ortaya koyabilir, temposu aracılığıyla sahneyi kurar, karşıtlığı sağlayabilir, hareketi kuvvetlendirebilir, bir birinden ayrı olayları ve sahneleri birleştirerek sürekliliği sağlayabilir, önemli noktalara dikkati çekebilir.

Müzik, yeri (mekânı) belirtebilir.

Bazı müziksel üslup ve temalar özel bölgelere aittir. Bu üslup ve temaları anımsatan ya da bunlara uygun olarak üretilen müzik o yerin ya da bölgenin anımsanmasına, tanınmasına yardımcı olur. Örneğin kemençe Karadeniz bölgesini tanımlar. Zeybek müziği, olayın Ege Bölgesinde geçtiğini belirtir. Tam-tam müziği, Afrika yerlileri ya da Amerikan Kızılderilileri için kullanılır.

Müzik, zamanı belirtebilir.

Müziğin yaygın kullanımı olarak zamanı belirleyebilme özelliğini söyleyebiliriz. Tahmin edeceğimiz gibi çok geçmiş dönemlerde, yıllarda geçen olayların anlatıldığı sahnelerde günümüz müziğini kullanamayız. Her dönemin her zamanın kendine özgü bir müziği vardır. Örneğin, Osmanlı döneminde geçen bir sahnede bugünün müziğini kullanamayız. Benzer biçimde, bir bilim kurgu filminde eski dönemlere özgü bir müzik uygun düşmeyecektir. Yine, müzikle gündüz-gece, mevsimler gibi zamansal özellikler belirlenebilir (4 Mevsim Vivaldi).

Müzik, atmosfer ya da ruh durumu yaratabilir.

İnsan üzerinde hiçbir işitsel öge, atmosfer ya da ruh durumu yaratmada müzik kadar etkileyici değildir. Her durum ve duygu için, müziksel bir benzerlik vardır. Müzik yoğun, yaygın, tatsız, soğuk, sıkıntılı, yumuşak, dinsel, ruhsal gibi benzeri atmosferleri, ruh durumlarını yaratabilir. Örneğin, kullanılan müzikteki bir romantik tema mutluluğu tanımlayabilirken bir başka tema mutsuzluk duygusu yaratabilir. Yine örneğin, kötülüğü belirten bir müzik bir sahnedeki korkuyu sağlayabilir.

Müzik; karakterleri, olayları, programları tanımlayabilir.

Müzikteki karanlık sıkıcı bir tema, "kötü adamları" karakterize edebilir. Yumuşak bir müzik, nazik, sempatik bir kişiliği gösterebilir. Bir olay sırasında duyduğumuz belli bir müziği örneğin, bir kişinin öldürüldüğü anda duyulan özel bir müziği başka sahnelerde de duyarsak bu müzikle izleyiciye yeni bir cinayetin işleneceği izlenimi verilerek müzikle o olay tanımlanmış olacaktır. Belli müzikler belli programlarla özdeşleşerek o programları tanımlayacaktır. Örneğin sevdiğimiz bir televizyon dizisinin müziğini duyduğumuzda bu müzik dizi ile özdeşleştiği için bize o diziyi anımsatacaktır.

Müzik, temposu aracılığıyla sahneyi kurar.

Yavaş tempo asalet veya durgunluğu ifade edebilir. Düzenli ritim durağanlık, monotonluk veya sadelik ifade edebilir. Düzensiz ritim ise karmaşıklığı, heyecanı ya da hareketliliği tanımlayabilir.

Müzik, karşıtlığı sağlayabilir.

Bir görüntüye karşıtlık sağlayan bir müzik başka türlü açıklanması güç olan bazı fikirleri, duyguları ifade edebilir. Örneğin kavga eden insanların olduğu bir sahnede komik temalı bir müzik olayın doğallığına ve ciddiyetine karşıt bir müzik olarak izleyicilere değişik bir bakış açısı sağlayabilir, bir çarpıklığı vurgulayabilir.

Müzik, hareketi kuvvetlendirebilir. Koşan bir adamın görüldüğü sahnede hızlı ritimli bir müzik ile hareketin hızı arttırılabilir.

Televizyonda Sahne, Dekor, Grafik, Makyaj

Sahne, Dekor ve Dekor Türleri

Sahne, ekranda görünen tüm alandır. Bu alan içinde bir ortam, bir çevre düzenlenir. Oluşturulan bu düzeni, istenilen ortamı yaratan da dekordur. Her şeyden önce dekor senaryonun havasına uygun olmalıdır. Televizyon yapımlarında dekorun programa büyük katkısı vardır. Sarıoğlu bir televizyon programının belli bir çevrede, belli bir uzayda ortaya çıkması istendiğini ifade eder. Böylece, o çevre ve uzayda geçecek olan olayın ortamı gerektiği biçimde yaratılmış olur. Kişiler ve kişilerin çevre ile olan ilişkisi olaya, öyküye önemli bir katkı sağlar. Özellikle kişilerin yakın çevresi ve yakın çevresindeki nesnelerle ilişkisi bu kişilerin yer aldığı uzayla ve bu uzayın içindeki dekorla doğrudan bağlantılıdır[77]. Örneğin klasiğe meraklı bir kişinin bu yönünü vurgulamak için ev dekorunun bu durumu ortaya çıkaracak biçimdeki eşyalardan oluşturulması gerekecektir. Hangi boyutta ve hangi türde olursa olsun bir televizyon programında olayın geçtiği çevre yani kişilerin içinde bulunduğu ortam önemlidir. Dekor bize olayla ilgili birçok ipucu verir. Bu nedenle bir televizyon programını tasarlarken olayı tanımlayan uzayı düşünmek ve yaratmak çabası içinde olunmalıdır.

Dekorumuzu oluştururken ya yapay bir dekor oluşturuyor, yapay bir ortam yaratıyoruz ya da doğal bir çevreden yararlanıyoruz ve doğal dekoru kullanıyoruz. Televizyonda program yapımında televizyonun temel yapısı itibarıyla bir stüdyoya gereksinim vardır. Bu nedenle, yaratmak istediğimiz çevreyi ve dekoru bir stüdyo alanı içinde gerçekleştirebiliriz. Örneğin, mutfakta geçen bir sahne için stüdyoda gerçek bir mutfağa benzer yapay bir

---

77 Sarıoğlu, Güner. **Televizyon Program Yapımı ve Yönetimi**, Ankara Üni., S.B.F. Yayınları, No:389, Ankara, 1976, s. 80

dekor oluşturarak çekimlerimizi yapabiliriz ya da ekibimizi ve teknik malzemelerimizi alarak gerçek bir mutfağa giderek orada çalışabiliriz. Burada dikkat edilmesi gerek önemli bir nokta; eğer yapay bir dekor oluşturacaksak bunun izleyicide gerçek bir dekor olduğu duygusunu yaratılması gerekir. Yapay bir dekor mu oluşturacağız yoksa doğal dekoru mu kullanacağız ya da doğal dekor içine uygun düşecek birtakım yeni uygulamalar mı yapacağız sorusunun cevabı yapılacağımız araştırmaya bağlıdır: Bütçemiz bakımından hangisi daha uygun olacaktır? Stüdyoda yapay bir dekor oluşturmak için yeterince zaman var mıdır? Çalışma koşulları bakımından stüdyo mu yoksa dış mekân mı daha elverişli olacaktır (örneğin kamera çalışmaları, ses sorunları, aydınlatma vb.). Dekor olayın içeriğine ve yorumuna katkı sağlayacağı için doğal dekor gerçeğin kendisi olması bakımından büyük olanaklar verir. Bugün rahatça taşınabilir araç gereçlerin üretilmiş olması televizyon yapımcılığına doğal dekorlara açılan zengin olanaklar tanımıştır.

Dekor çizimlerini yönetmenin bilgilendirmesi ve denetimi altında sanat yönetmeni yapar. Sanat yönetmenine gerek duyulmayan programlarda dekor işini dekor sorumlusu üstlenir. Yönetmen, sanat yönetmeni, dekoratör dekorun tümü üzerinde anlaştıktan sonra bir ölçek içinde planlar çizilir. Bu planlar kuşbakışı olarak çizilir. Kuşbakışı olarak çizilen dekor içinde istenen ayrıntılar ayrı çizimlerle açıklanır ve gereken notlar konur. Dekor hazırlanırken çekim planlarına göre kameraların, ışıkların, mikrofonların yerleri, kamera ve oyuncu hareketleri dikkate alınmalı ve bunlar için yeterli alan bırakılmalıdır. Yönetmenin taslak dekora ilişkin onayı alındıktan sonra dekor yapımcıları işe başlarlar. Sanat yönetmeni ya da dekorcunun hazırladığı taslak dekor çizimlerini yönetmenin onaylamasından sonra dekor yapımına başlanır. Dekorun yapımı sırasında yönetmen zaman zaman yapılan dekoru kontrol eder, bir yanlışlık ya da bir eksiklik olup olmadığını araştırır. Çizimlerde tam olarak belirtilmemiş yerler varsa sanat yönetmeni ya da dekoratör yönetmene danışarak son karara varılır. Dekorların hazırlanması sırasında programın kamera, aydınlatma ve ses görevlileri dekor planlarını gözden geçirmeli ve çekimlere engel oluşturabilecek durumların olup olmadığını kontrol etmelidir.

Dekor Türleri

Eyikan, dekorların başlıca üç türe ayrıldığını söyler: tarafsız dekorlar, gerçeğe uygun dekorlar, gerçek dışı dekorlar[(78)].

---

78 Ayhan Eyikan, **Film Yapımı Yönetimi Tekniği**, Ongun Matbaası, Ankara, 1973, ss. 191-192.

Tarafsız dekorlar en sade ve basit dekorlardır. Bu tür dekorlar genellikle düz, yalın ve gri bir fondan oluşur. Bir ortam oluşturmazlar, bir düşünceye hizmet etmezler. Örneğin, stüdyoda söyleşi programında kişilerin fonuna çoğunlukla tarafsız dekorlar konulur.

Tarafsız dekor, olayın, konunun nasıl bir yerde geçtiğini anlatmaz. Gerçeğe uygun dekorlar gerçek sahneye tam benzeyen dekorlardır. Gerçek hayattaki bütün ayrıntılar dekora konur. Gerçeğe uygun dekorlar doğal dekorun tüm özelliklerine sahip olmalıdır. Örneğin stüdyoda bir çalışma odası dekoru oluşturulacaksa gerçek bir çalışma odasında ne varsa (doğal dekor) dekor bunları içermelidir. Gerçeğe uygun dekorlarda çekilen programları izleyenler o yerin bir dekor olduğunu fark etmemeli, izleyicide "gerçek" duygusunu yaratmalıdır. Bu dekorlar en çok kullanılan dekor türüdür.

Gerçek dışı dekorlar, bir duyguyu anlatmak, bir atmosfer yaratmak için kullanılan biçim ve dokunun düzenlenmesi ya da gerçeğin isteyerek bozulmasıyla elde edilen dekorlardır. Bu tür dekorların gerçeğe benzer yanları olabilir ya da olamaz. Fakat gerçeğe benzer yanları olsa bile bunlar seyircinin fark edeceği şekilde değiştirilmiş ya da bozulmuştur. Bu tür dekorlar çoğunlukla sinemada bilim kurgu, fantastik film türlerinde kullanılır. Televizyonda ise bu dekor türünün kullanıldığı pek görülmez.

Grafik

Televizyonda çizelgeler, şekiller, rakamlar, her türlü yazı, haritalar, fotoğraflar gibi tüm iki, üç boyutlu görsel düzenlemeler "grafik malzemeleri"ni oluşturur. Günümüz teknolojisiyle üretilen üç boyutlu görülebilen elektronik animasyon gibi bazı uygulamalar, televizyon grafiği olarak kabul edilmektedir.

Bir televizyon programında grafik malzemelerinin kullanımı programın türüne göre değişiklikler gösterir. Örneğin eğitim programlarının çoğunda grafik malzemelerinden geniş ölçüde yararlanılırken magazin programlarında ya da eğlence programlarında grafik malzemelerine daha az yer verildiği görülür.

Bir yapımda grafik malzeme kullanımı görüntü-içerik bütünlüğünü sağlarken daha açık bir anlatım biçimi oluşturur. Televizyon programları için grafik hazırlanırken bazı önemli konulara dikkat edilmesi gerekir.

1. Çerçeveleme oranı

Televizyon ekranı dikdörtgen şeklindedir. Tüm grafik görüntülerin düzenlenmesinde ekranın eni ve boyu arasındaki orana yani çerçeve oranına (3:4, 9:16 gibi) uymak zorunludur.

2. Tarama alanı ve yararlı alan

Kamera ile çerçevelediğimiz görüntünün bir bölümü çeşitli teknik nedenlerle evlerdeki televizyon alıcılarına ulaşıncaya kadar kaybolur. Bu nedenle grafik düzenlemeleri bu kayıp alan göz önünde bulundurularak yapılmalıdır. Stüdyo kamerasının bakacındaki görüntü alanı kontrol odasındaki monitörden fazla, evlerimizdeki alıcılardan ise daha fazladır. Bu nedenle grafik malzemelerin üzerindeki tüm bilgiyi kayıp alanı içinde kalmadan evlerdeki alıcılara ulaştırmak için televizyon kameralarının bakaçlarında, tarama alanı ve yararlı alan ile ilgili görüntü alanlarının sınırları gösterilmiştir. Tarama alanı kameranın gördüğü görüntüdür. Yararlı alan ise, alıcılarımızda gördüğümüz alandır. Tüm grafikler, yararlı alan içinde düzenlenmelidir.

3. Okunabilirlik ve seçilebilirlik

Okunabilirlik, yazıların ekranda okunabilmesidir. Grafik üzerindeki yazılar çok küçük ve çok sık yazıldığında okunamayabilir. Ya da ekrandaki yazılar okunamayacak kadar kısa zamanda kalabilir. Çok ayrıntılı grafiklerden kaçınılmalıdır. Grafiğin ana amacı bilgi vermek olduğundan ne kadar basit ve açık bir şekilde verilirse o kadar da kolay algılanmış olur. Aşırı süslü yazılar ekranda güzel görünebilir ancak rahat okunmayı engelleyebilir. Bu da iletişim engeli oluşturabilir. Okunabilirlik açısından aşağıdaki konulara önem verilmelidir:

- Tüm bilgiler (yazılar) yararlı alan içine yazılmalıdır.
- Yazı için kullanılacak harfler, etli, uzun ve belirgin konturlu olmalıdır.
- Kısa yazı algılamak daha kolay olacağından bilgiler en kısa şekilde yazıya dönüştürülmelidir.
- Yazılar karmaşık bir fon üstüne verilmemelidir. Eğer bu karmaşık fondan kaçınılamaz ise seçilecek harf tipi, basit ve uzun bir karakter olmalıdır.

- Fon üzerine yazılan harfler arasında renk ve kontrast ilişkisi dikkatlice düzenlenmelidir.

4. Stil (anlatım biçimi)

Bir grafik düzenlemede grafiğin stili, tüm programın anlatım stiliyle uyumlu olmalıdır. Grafik düzenlemede anlatıma önem vermek daha iyi anlatım için bir zorunluluktur. Grafikler genel olarak ilgi çekici, anlaşılır ve estetik açıdan doyurucu olmalıdır. Grafik sanatçıları da televizyon aracını ve izleyicilerin iyi bilen ve estetik yönü kuvvetli sanatçılardır.

Makyaj ve Makyaj Türleri

Tiyatro, sinema, televizyon gibi görsel sanatlarda makyaj önemli bir anlatım ögesidir. Eyikan, sinema ya da televizyon makyajını tiyatrodan ayıran en önemli özelliğin sinema ve televizyon makyajının daha fazla gerçeğe uyma zorunluluğu olduğuna dikkat çeker[(79)]. Tiyatroda oyuncu seyirciden uzaktır. Bu nedenle seyirci makyajın eksikliklerini görmeyebilir ya da gereğinden fazla makyaj oyuncudan uzaktaki seyirciyi rahatsız etmeyebilir. Oysa sinema ya da televizyon izleyicisi, oyuncuyu perdede ya da ekranda çok yakından hem de büyütülmüş olarak görecektir. Bir makyaj kusuru da ilk bakışta göze batacaktır. Örneğin tiyatroda boya ile yapılan bıyık uzaktaki seyirciye doğal görünebilir. Aynı oyuncunun televizyondaki görüntüsü gülünç olur. Çünkü yakın çekimlerde bıyığın boyama olduğu açık olarak ortaya çıkacaktır. Bu nedenle televizyon için uygulanan makyaj doğal görünümü bozmamalıdır.

Sinema-televizyonda makyaj özel bilgi ve uzmanlık isteyen önemli bir alandır. Bu işte çalışanlar uzun yıllarını harcayarak ancak uzmanlaşabilirler.

Makyaj temel olarak üç amaç için uygulanır:

1. Bir insanın görüntüsünü daha güzel göstermek,
2. Bir insanın görüntüsünü düzeltmek (uzun burnu kısa göstermek, çıkık elmacık kemiklerini küçültmek vb.),
3. Bir insanın görüntüsünü değiştirmek (özellikle dramatik programlarda yaş, ırk, cinsiyet, karakter değişimleri gibi).

Başlıca üç tür makyaj uygulaması vardır. Bunlar; düz makyaj, düzeltici makyaj ve karakter makyajıdır[(80)].

---

79 **A.g.e.**, s.195.

80 **A.g.e.**, ss. 195-196.

Düz Makyaj: En basit makyaj türüdür. Yüzün daha güzel görünmesi için uygulanır. Çok açık tonlu yüzler koyulaştırılır, koyu yüzler açılır. Yüzdeki ve alındaki parlamalar önlenir, kirpikler ve kaşlar koyulaştırılır, koyu göz çukurları açılır vb.

Düzeltici Makyaj: Bu makyajla yüzün beğenilen kısımları ortaya çıkarılırken beğenilmeyen kısımları ya da kusurları gizlenmeye çalışılır. Örneğin burnun, dudakların biçimi değiştirilir, dazlaklık azaltılmaya çalışılır.

Karakter Makyajı: Karakter makyajında oyuncular oynadıkları rolün karakterine uydurulur. Yüzüne, saçlarına verilen yeni biçim onu önemli ölçüde değiştirir. Örneğin genç bir kız, yüzü buruşukluklar içinde beyaz saçlı ihtiyar bir kadın oluverir. Ya da yakışıklı bir genç erkek korkunç bir canavar kılığına bürünebilir.

Televizyon Makyajının Etkileyen Ögeler

Makyajın değişik amaçları için değişik malzemeler ve değişik teknik ve yöntemler kullanılır. Makyajın tiyatroda mı, sinemada mı yoksa televizyonda mı kullanılacağı sorusunun cevabına göre kullanılacak teknikler de değişecektir. Çünkü bu alanların kendi özelliklerine, tekniklerine göre değişen makyaj teknikleri uygulanacaktır. Televizyonda aydınlatma yukarıdan yapılan bir aydınlatmadır. Bu şekilde yukarıdan gelen ışık; kaş, göz, burun, dudak ve çene çevresinde istenmeyen gölgeler oluşturur. Bu gölgeler görüntümüzü estetik açıdan olumsuz yönde etkileyeceğinden bunları düzeltici bir makyajın uygulanması gerekir. Örneğin bu gölgeli alanlara açık tonlu makyaj malzemesi sürülerek gölgenin etkisi azaltılabilir.

Televizyon makyajını etkileyen ögelerden birisi de çevredeki renklerdir. Genel olarak çevre renkleri açık tonlarda ise (açık renkli giysi, açık renkli dekor ve çevre) açık tonlu bir makyaj uygulanmalıdır. Bunun aksi durumunda ten renkleri olduğundan koyu görünecektir. Bazı durumlarda çevredeki renkler kişilerin yüzüne, eline yansıyarak beklenmedik sorunlar yaratabilir. Bunun için yüzdeki yansımaları azaltacak bir makyajın uygulanması gerekebilecektir.

Televizyon makyajını etkileyen bir başka öge de yakın çekim ölçeğidir. Bilindiği gibi televizyonda ağırlıklı olarak kullanılan orta ve yakın çekim ölçeği oyuncuların yüzlerinin doğal görünmelerini zorunlu kılar ve bu da özenli ve titiz bir makyajın uygulanmasını gerektirir. Televizyonda kişilerin görüntüsü çıplak gözle göründüğünden farklı olarak ekrana yansır. Bu nedenle makyaj yapıldıktan sonra yapılan makyajın kameradan elde edilen elektronik görüntü olarak değerlendirilmesi gerekir. Aydınlatma sorumlusu kamera görüntüsündeki makyaja bakarak gerekiyorsa aydınlatmada ince ayarlamalar yapar.

Kaynakça

- Aziz, Aysel. Elektronik Yayıncılıkta Temel Bilgiler, TRT Eğitim Dairesi Başkanlığı Yayınları, No: 3, TRT Basım ve Yayın Müdürlüğü Ofset Tesisleri, Ankara, 1988.
- .... Aysel. Radyo ve Televizyona Giriş, Ankara Üni., S.B.F. Yayınları, No: 393, Basın Yayın Yüksek Okulu Yayın No: 4, Ankara Üniversitesi Basımevi, Ankara, 1976.
- ......Aysel. Radyo ve Televizyon ile Eğitim, Ankara Üni., E. Fak. Yayını, Ankara, 1982.
- broadcaster info. Aylık Televizyon, Radyo, Sinema Teknolojileri Dergisi, İstanbul, sayı:163, Haziran 2018.
- Brown, Blain. Sinema ve Videoda Işıklandırma, Çev., Selçuk Taylaner, 1. Baskı, hil yayın, İstanbul, 2010.
- Cereci, Sedat. Televizyonda Program Yapımı, Metropol Yayınları, Ankara, 2001.
- Combes, Peter and John Tiffin. Television Production for Education: "A Systems Approach". Focal Press, London, 1978.
- Ergül, Reha Recep. Televizyon Yapımlarında Ses Boyutunun Yaratılması, Anadolu Üniversitesi Sosyal Bilimler Enstitüsü Yayınlanmamış Yüksek Lisans Tezi, Eskişehir, 1990.
- Eyikan, Ayhan. Film Yapımı Yönetimi Tekniği, Ongun Matbaası, Ankara, 1973.
- Foss, Bob. Sinema ve Televizyonda Anlatım Teknikleri ve Dramaturji, Çev: Mustafa K. Gerçeker, Hayalperest Yayınevi, İnkılap Matbaası, İstanbul, 2012.
- Flusser, Vilem. Bir Fotoğraf Felsefesine Doğru, Çev., İhsan Derman, Med-Campus Proje 126 Yayınları, İstanbul, 1994.
- Griffith, D.W. "Sinema, Modern Sanatın Mucizesi", Çev., Nijat Özön, Türk Dili Sinema Özel Sayısı, Cilt17, Sayı: 196, A.Ü. Basımevi, Ankara, 1968.
- Güçhan, Naci. Sistem Yaklaşımı İle Televizyon Eğitim Programı Yapımı-Açıköğretim Fakültesi Örneği- , Anadolu Üni., Yayınları No: 286, Eskişehir, 1988, ss. 61-62.
- ...., Naci. Bir Film Kuramcısı: Rudolf Arnheim, Kurgu Dergisi, Sayı 4, 1981.
- Güneş, Sadık. Medya ve Kültür, Vadi Yayınları, Ankara, 1996.
- Güngör, A. Şefik. Sinemada Görüntü Yönetmeni, Kitle Yayınları, Ankara, 1994.
- İnceoğlu, Metin. Tutum Algı İletişim, V Yayınları, Ankara, 1993.
- Karasar, Niyazi. Bilimsel Araştırma Yöntemi -Kavramlar, İlkeler, Teknikler-, 6. basım, Ankara: 3A Araştırma Eğitim Danışmanlık Ltd., 1994.
- Kesim, Mehmet. Televizyonda Görüntü Alma ve Saklama Sistemleri-İletişim-Teknolojisindeki-Yeri-ve-Önemi, Anadolu Ünversitesi Yayınları, Yayın No: 270, Eskişehir, 1988.

- Kılıç, Levend. Televizyon Eğitim Programlarında Yapım Yönetim , Anadolu Üniversitesi Yay., No: 233, Eskişehir, 1987.
- ...., Levend. Görüntü Estetiği, İnkılap Yayınları, İstanbul, 2003.
- ...., Levend. Görüntü Düzenlemesi ve Görsel Öğeler, Eskişehir İletişim Bilimleri Fakültesi Dergisi, No:4, Eskişehir, 1981.
- Künüçen, H. Hale. Etkili İletişim-Genel İletişim, Pegem A Yayıncılık, Ankara, 2006.
- ...., H. Hale. Televizyon Eğitim Programlarında Senaryonun Önemi ve İşlevi, 1. Uluslararası Uzaktan Eğitim Sempozyumu, M.E.B. Film Radyo Televizyonla Eğitim Başkanlığı, Ankara, 12-15 Kasım 1996.
- Künüçen, A. Şükrü. Sinema ve Televizyonda Teknolojinin Önemi, Selçuk İletişim Dergisi, Cilt 5, Sayı1, Konya, Temmuz1, 2007.
- ...., A. Şükrü. Görsel Algılama ve Renk, İletişim, Gazi Üniv., İletişim Fak., Dergisi, Gazi Üniv., Basımevi, Sayı3, Ankara, 1996.
- Millerson, Gerald. Gerald Millerson, The Techniques of Television Production, Seventh Edition, Focal Press, London and NewYork, 1968.
- Mutlu, Erol. Televizyonu Anlamak, Gündoğan Yayınları, Ankara, 1991.
- Mutlu, Erol. Televizyonda Program Yapımı, Ankara Üniv., İletişim Fakültesi Yayınları, No: 4, Ankara Üniversitesi Basımevi, Ankara,1995.
- Öngören, Mahmut Tali. Senaryo ve Yapım, Ankara İ.T.İ.A. Yayın No: 201, Ankara, 1982.
- Özön, Nijat. 100 Soruda Sinema Sanatı, Gerçek Yayınevi, İstanbul, 1972.
- ...., Nijat. Sinema ve televizyon Terimleri Sözlüğü, TDK Yayınları, Ankara, 1981.
- Sarıoğlu, Güner. Televizyon Program Yapımı ve Yönetimi, Ankara Üniv., S.B.F. Yayınları, No:389, Ankara, 1976.
- Sözen, Mustafa. Sinemada Ses Kullanımı, Detay Yayınları, Yayınları, Ankara, 2003.
- Şener, Gürcan Mete. Aydınlatma ile Televizyon Yapımlarında Derinlik Etkisinin Oluşturulması, Yayımlanmamış Yüksek Lisans Tezi, Anadolu Üni., Sosyal Bilimler Enstitüsü, Eskişehir, 1986.
- Tamer, Kezban. Televizyonun Etkileme Süreci İle İlgili Savlar , Anadolu Üniversitesi Açıköğretim Fakültesi Yay., Eskişehir, 1983.
- Tarkovski, Andrey. Mühürlenmiş Zaman, Çev., Füsun Ant, Afa Yayınları, İstanbul, 1992.
- Wurtzel. Alan. Television Production. (Second edition) McGraw-Hill Book Company, Ssingapore, 1985.
- Zettl, Herbert. Sight, Sound, Motion, Wadsworth Publishing Company, Inc., Belmont, California, 1973.
- ...., Herbert. Television Production Handbook, Wadsworth Publishing Company, California, 1984.
- https://dergipark.org.tr/tr/pub/rteusbe/issue/34053/370196 14. 08. 2022 ulaşıldı

Öz Geçmiş

A. Şükrü Künüçen

1956 yılında Ankara'da doğdu. 1980 yılında Eskişehir İTİA'da, bugünkü adıyla Anadolu Üniversitesi'nde gerçekleştirilen Türk-Alman Teknik Yardım ve İşbirliği Projesi'nde Kamera Bölümü'nde çalışmaya başladı. 1981 yılında Anadolu Üniversitesi İşletme Fakültesi'nden mezun oldu. 1985 yılında Anadolu Üniversitesi'nde araştırma görevlisi kadrosuna atandı ve Üniversite'nin Açıköğretim Fakültesi Radyo-Televizyon Merkezi'nde 1985-1994 yılları arasında Işık ve Kamera Bölüm Başkanı olarak görev yaptı.

1987 yılında Anadolu Üniversitesi Sosyal Bilimler Enstitüsü "Sinema-Televizyon" programında yüksek lisansını, 1993 yılında Marmara Üniversitesi Sosyal Bilimler Enstitüsü Sahne ve Görüntü Sanatları Ana Sanat Dalı, Sinema-Televizyon-Fotografi Sanat Dalı'nda sanatta yeterlik programını tamamladı.

1994 yılında Gazi Üniversitesi İletişim Fakültesi Radyo-TV. ve Sinema Bölümü'ne yardımcı doçent olarak atandı. 2008 yılında Başkent Üniversitesi İletişim Fakültesi Radyo Televizyon ve Sinema Bölümü'nde çalışmaya başladı. Hâlen bu Fakülte'de Televizyon Programcılığı, Görüntünün Temel İlkeleri, Görüntü Düzenleme ve Estetiği, Televizyonda Yapım-Yönetim konularında dersler vermekte, teorik ve uygulamalı çalışmalarına devam etmektedir.

Anadolu Üniversitesi, Gazi Üniversitesi ve Başkent Üniversitesi'ndeki görevleri sırasında çok sayıda eğitim programları, tanıtım programları, reklam filmleri, kamu spotları, televizyon dizileri, belgesel filmler vb. yapımlarda kameraman, görüntü yönetmeni, yapımcı ve yönetmen olarak görev yaptı, uluslararası projelerde çalıştı. Çeşitli kurum ve kuruluşlarda sinema, televizyon alanında seminerler, kurslar verdi, danışmanlık yaptı. Yurt içinde ve yurt dışında film festivallerine katıldı. 5. Uluslararası Icronos Arkeoloji Filmleri Festivali'nde "Midas" adlı belgesel filmiyle ödül aldı (Bordeaux – Fransa, 1996). A. Şükrü Künüçen evli ve Can isminde bir çocuk babasıdır.